Gesund essen

Glutenfrei backen

100 NEUE LEICHTE GENUSS-REZEPTE

Autorinnen: Christiane Schäfer, Ellen Stemmer
Fotografie: Jörn Rynio

Inhalt

BACKEN BEI ZÖLIAKIE

REZEPTE

Grundrezepte

Brot & Brötchen

Pausensnacks

Brot aus dem Backautomaten

Kornmühle

Glutenfrei backen

Ein Leben ohne Gluten bedeutet Umdenken. Gerade am Anfang dieser notwendigen Ernährungsumstellung ist das Backen von Brot, Kuchen & Co. häufig mit Unsicherheiten behaftet. Das tägliche Brot fehlt, und eine Kaffeetafel ohne Kuchen erscheint für viele unvorstellbar.

Und Sie müssen auch gar nicht darauf verzichten. Mit einer guten Anleitung und etwas Übung lassen sich mit glutenfreien Mehlen viele Leckereien zaubern. Dieser Backratgeber wird Sie beim Backen ohne Gluten an die Hand nehmen. Er informiert Sie darüber, wie die anfangs fremden Teigzutaten verarbeitet werden und welche Besonderheiten glutenfreie Teige beim Backen an den Tag legen. Praxiserprobte Tipps, Varianten und viele Informationen rund um eine gute Nährstoffversorgung trotz Zöliakie erleichtern Ihnen den Weg zu einem glutenfreien Backgenuss.

Zöliakie – welche Folgen

hat die Diagnose?

In der ersten Zeit nach der Diagnose »Zöliakie« benötigt Ihr Verdauungsapparat noch Extra-Streicheleinheiten. Die Verdauungsprozesse laufen noch nicht optimal ab und viele Nährstoffe bedürfen eines besonderen Augenmerks. Vor allem große und voluminöse, schwer verdauliche Mahlzeiten sind nichts für Ihren Magen-Darm-Trakt. Aber auch die eigentlich so gesunden Milch- und Obstspeisen können noch Probleme machen. Hier empfiehlt sich auf jeden Fall die enge Zusammenarbeit mit einer allergologisch gastroenterologischen Ernährungsfachkraft (www.ak-dida.de).

Fordern Sie Ihren Darm nicht zu sehr

Schmeicheln Sie Ihrem Darm mit vier bis fünf glutenfreien kleinen Mahlzeiten über den Tag verteilt, anstatt ihn mit drei großen Mahlzeiten zu überfordern. Ideal sind kleine Zwischenmahlzeiten mit verträglichen, vorrangig eher stopfenden Gemüse- und Obstsorten, wie z. B. Möhren, Bananen oder Heidelbeeren. Voluminöse Speisen, wie grobe Kohlsorten, Blattsalate oder glutenfreie Ballaststoffzugaben (z. B. Leinsamen, Apfelpektin, Rohkost), sollten besonders anfangs nur in kleinen Portionen gegessen werden.

Laktose – ein wichtiges Thema!

Milch und Milchprodukte sind extrem wichtig für die tägliche Nährstoffversorgung. Insbesondere bei Zöliakiebetroffenen weiß man, dass die Versorgung mit Calcium und Vitamin D häufig unzureichend ist – Milch und Milchprodukte stellen für beide Nährstoffe lebenslang eine wichtige Quelle dar.

Zu Beginn, manchmal aber auch längerfristig, kann der Darm jedoch den in Milch und Milchprodukten enthaltenen Milchzucker (Laktose) nicht verarbeiten. Diese Unverträglichkeit kann Ursache weiter anhaltender Beschwerden, wie Blähungen und/oder Durchfall, sein, obwohl Sie Ihre Kost schon streng glutenfrei ausgerichtet haben. Ein Arztbesuch verschafft Klarheit. Mittlerweile gibt es aber in jedem gut sortierten Lebensmittelmarkt auch milchzuckerarme bzw. -freie (laktosearme/laktosefreie) Milch und Milchprodukte. Übrigens: Hartkäsesorten, wie Emmentaler, Appenzeller, Parmesan oder Gouda, sind generell milchzuckerarm und immer geeignet. Verzichten Sie darum wegen einer Laktoseunverträglichkeit nicht auf Milchprodukte. Das ginge auf Kosten Ihrer Calciumversorgung. Bauen Sie mindestens drei Portionen Milch und Milchprodukte in Ihren täglichen Speiseplan ein – egal, ob mit oder ohne Laktose.

Fruktose – ein Zucker, der Bauchärger verursachen kann

Auch der Zucker, der in Früchten, Säften und in normalem Haushaltszucker steckt, kann nach der Diagnosestellung Bauchbeschwerden verursachen. Gerade am Beginn der Kostumstellung auf »glutenfrei« verwenden viele Betroffene vor

allem die garantiert bedenkenlosen Lebensmittel, wie z. B. Obst, weil ihnen die glutenfreien Getreide-Alternativen noch nicht so geläufig sind. Doch Vorsicht!
Denken Sie daran, dass Ihre Verdauungsarbeit noch nicht optimal läuft. Zudem ist Fruktose (Fruchtzucker) ein Zucker, der – auch von gesunden Bäuchen – nur in kleinen Mengen verarbeitet werden kann. Bei Ihnen ist deshalb erst recht für mindestens drei bis sechs Monate nach der Diagnosestellung »Zöliakie« noch Schonung angesagt. Meiden Sie also besser große Mengen an fruktosereichen Obstsorten, wie Äpfel, Birnen, Weintrauben, Pflaumen oder daraus hergestellte pure Säfte, sowie Produkte, die Fruktose oder Fruktosesirup enthalten. Ersetzen Sie diese besser durch Produkte mit gut verträglicher Glukose (Traubenzucker) oder Glukosesirup. Bevorzugen Sie fruktosearmes Obst, wie Bananen, Papayas oder Heidelbeeren. Fruktose wird übrigens immer besser vertragen, wenn Sie sie in Kombination mit Fett (z. B. Käsewürfeln) oder Eiweiß (z. B. Quark) essen.

Ballaststoffe

Ballaststoffe sind pflanzliche Nahrungsbestandteile, die im Dünn- und Dickdarm nur teilweise abgebaut und größtenteils unverdaut ausgeschieden werden. Sie sind in Hülsenfrüchten sowie Gemüse und Obst enthalten. Allerdings wird das Zusammenspiel von Ballaststoffen und der Flüssigkeitszufuhr häufig unterschätzt. Wenn Sie Ihre Kost mit Ballaststoffen anreichern, müssen Sie auch genügend Flüssigkeit über den Tag verteilt zu sich nehmen. Sonst ist die Mühe vergebens.

Ballaststoff ist nicht gleich Ballaststoff

Für die Nährstoffbilanz und die Beseitigung von »Bauchbeschwerden« ist die Unterscheidung zwischen **wasserunlöslichen** und **wasserlöslichen Ballaststoffe** in der Nahrung wichtig. Viele wissenschaftliche Arbeiten zeigen, dass sich in den letzten Jahren der Anteil löslicher Ballaststoffe in der menschlichen Nahrung verringert hat, während der Anteil unlöslicher Ballaststoffe stetig steigt. Diese Entwicklung ist jedoch nicht unbedingt gut für den »Bauch«.
Wasserunlösliche Ballaststoffe, wie z. B. Cellulose, Hemicellulose und Lignin, stecken in den Zellwänden von Pflanzen. Sie binden Wasser bzw. Flüssigkeit im Darm und quellen auf. So erhöht sich das Darmvolumen, die Stuhlmenge steigt an. Die Darmmuskulatur wird aktiviert. Ein träger Darm wacht auf. Reichlich Gemüse, Obst, Nüsse und Ölsaaten auf dem Teller können also einer Verstopfung (Obstipation) vorbeugen. Vorausgesetzt, Sie trinken genügend.
Wasserlösliche Ballaststoffe, wie z. B. Pektin und resistente Stärke in Kartoffeln, Hülsenfrüchten oder auch in einigen Obstsorten (z. B. Aprikosen), werden von den Darmbakterien teilweise abgebaut. Dabei wird u. a. Wasser eingelagert, der Stuhl wird weicher und formbarer, was oftmals Bauchbeschwerden lindert. Darum sollte diese Ballaststoffgruppe in Ihrem Speiseplan nicht zu kurz kommen.

Von wegen nur Ballast!

Doch nicht nur der Darm profitiert von einer guten Ballaststoffzufuhr. Die unverdaulichen Nahrungsbestandteile nehmen auch Schadstoffe im Körper auf und transportieren sie via Darm nach draußen. Und der Blutzuckerspiegel zeigt sich in Anwesenheit vieler Ballaststoffe ebenfalls ausgeglichener. Deshalb sollten laut Empfehlung der Deutschen Gesellschaft für Ernährung täglich 30 g Ballaststoffe auf Ihrem Speiseplan stehen – am besten in Form von Ölsaaten und Nüssen, glutenfreiem Getreide und Getreideprodukten, Rübenballaststoff, Inulin, Hülsenfrüchten, Obst und Gemüse. Eine Übersicht über den Gehalt an Ballaststoffen in verschiedenen Lebensmitteln finden Sie in der hinteren Umschlagklappe dieses Buchs.

Spätfolgen vermeiden – was ist langfristig zu beachten?

Eine glutenfreie Ernährung bedeutet, dass viele Speisen in der gewohnten Zusammenstellung nicht möglich sind. Zudem muss in die tägliche Speiseplangestaltung auch einfließen, dass der Körper bei manchen Nährstoffen Nachholbedarf hat. Denn bei den meisten Patienten dauert die Zeit bis zur Diagnose »Zöliakie« tatsächlich Jahre. Bis dahin haben dann viele mit den Folgen einer Mangelversorgung zu kämpfen. Folgenden Nährstoffen sollten Sie deswegen ein besonderes Augenmerk schenken. Denn ihre Werte sind gerade bei Zöliakiebetroffenen häufig zu niedrig und machen sich dann irgendwann mit Mangelsymptomen bemerkbar.

Vitamin D

Wussten Sie, dass Vitamin D kein Vitamin, sondern vor allem ein Hormon ist? Vitamin D benötigt der Körper u. a. zum Aufbau und zur Stabilisierung der Knochen. Es reguliert den Calcium- und Phosphatstoffwechsel und nimmt so direkten Einfluss auf den Knochenstoffwechsel.
Die Zufuhr erfolgt z. B. über fettreiche Fische, Eier und Milchprodukte einschließlich Käse. Zudem ist der Körper in der Lage, selbst Vitamin D zu bilden, wenn er dem Sonnenlicht ausgesetzt ist. Aber in Zeiten von Sonnenschutzcremes und dem hauptsächlichen Aufenthalt in Innenräumen ist es schwer, diese Quelle ausreichend zu nutzen. Wir raten Ihnen, zumindest einmal Ihren Vitamin-D-Status (über 25(OH), die Speicherform von Vitamin-D) bestimmen zu lassen. Liegen die Werte unter 30 ng/ml, kommen Sie mit einer Ernährungsumstellung alleine nicht weit. Viele Experten empfehlen Zöliakiebetroffenen bereits bei Werten unter 50 ng/ml eine Extraportion Vitamin D in Form von Medikamenten. Sprechen Sie darüber mit Ihrem Arzt oder Ihrer Ernährungsfachkraft (www.ak-dida.de).

Calcium

Calcium ist »der« Knochenstabilisator. Das Skelett eines gesunden männlichen Erwachsenen enthält mehr als ein Kilogramm Calcium. Es verleiht dem Knochen Festigkeit und ist ein Baustein der Zähne. Aber auch die Blutgerinnung, die Reizübertragung im Nervensystem und die Muskeltätigkeit funktionieren nur reibungslos in Anwesenheit von genügend Calcium. Es wird aus der Nahrung im oberen Dünndarm resorbiert. Die geschädigte Dünndarmschleimhaut des Zöliakiebetroffenen kann Calcium oftmals nicht ausreichend aufnehmen. Ein Calciummangel vor der Diagnose und Therapie ist die Folge. Calciumreiche Lebensmittel sind vor allem Milch und Milchprodukte – egal, ob mit oder ohne Laktose. Aber auch einige frische Kräuter, grünes Blattgemüse, Sesam und calciumreiches Mineralwasser leisten einen wichtigen Beitrag. Übrigens: Ein hoher Oxalsäuregehalt, z. B. in Rhabarber, Roter Bete, schwarzem Tee oder Spinat, kann die Calciumeinlagerung in die Knochen hemmen.

Jod

Jod ist ein wichtiger Mitspieler der Schilddrüsenhormone und beeinflusst damit das Zellwachstum, aber auch die Gehirnentwicklung. Erhält der Körper zu wenig Jod über die Nahrung, werden alle Jodspeicher im Körper aufgebraucht. Die Schilddrüse versucht, den dadurch entstehenden Hormonmangel auszugleichen, was zu ihrer Vergrößerung (Kropfbildung) führen kann. Schätzungen zufolge leiden rund 30 % der Bundesbürger unter einer Jodmangelversorgung. Nennenswerte Jodmengen finden sich vor allem in Lebensmitteln, die dem Meerwasser entstammen. So enthalten Seefische, Algen, aber auch einige Meeresfrüchte bis zu 140 µg Jod/100 g. Jodiertes Speisesalz ist eine nicht zu unterschätzende wertvolle Ergänzung, um den empfohlenen täglichen Bedarf von 180 bis 200 µg Jod zu decken.

Dermatitis-herpetiformis-Duhring:
Betroffene sind von dieser Empfehlung auszuschließen; hier muss die Jodzufuhr reduziert werden. Sie bedürfen der Beratung einer Ernährungsfachkraft, die auf Zöliakie spezialisiert ist (www.ak-dida.de).

Magnesium

Magnesium ist quasi der Telekommunikations-Anbieter im Körper: Das Mineral unterstützt die Reizleitung zwischen Nerv und Muskel und beteiligt sich an der körperinternen Kommunikation für den Knochen- und Zahnaufbau. Störungen im Magnesiumhaushalt bekommt oft der Darm zu spüren. Durchfall oder Verstopfung können die Folgen sein – je nachdem, ob zu viel oder zu wenig Magnesium im Umlauf ist. Magnesiummangel – vor allem aufgrund der Resorptionsstörungen bei Zöliakie – kann Kribbelgefühl an Armen und Beinen bis hin zu Muskelkrämpfen und Herzrhythmusstörungen bei manchen Menschen auslösen.
Da Magnesium in glutenfreien Getreidesorten »Mangelware« ist, müssen Sie auf andere Quellen zurückgreifen, um Ihren Tagesbedarf von 400 mg zu decken: Grünes Gemüse, Sesam, Sonnenblumenkerne, Nüsse sowie Bohnen und Erbsen sind gute glutenfreie Lieferanten. Auf Nahrungsergänzungsmittel sollten Sie besser verzichten – sie können Durchfall verursachen.

Was ist sonst noch zu beachten?

Die häufigsten Beschwerden einer Zöliakie hängen mit dem Stuhlgang zusammen. Weiche Stühle oder gar Durchfall (Diarrhö), d. h. mehr als drei Toilettengänge am Tag, führen zu einem Mehrbedarf an vielen Nährstoffen. Aber auch Verstopfung (Obstipation) und/oder ein fester Stuhl sind nicht selten bei der Diagnosestellung. Zudem tritt eine Verstopfung häufig während der ersten Zeit der Umstellung auf eine glutenfreie Ernährung auf, wenn nicht auf eine ausreichende Ballaststoffzufuhr geachtet wird.

➤ Durchfall und Verstopfung

Diarrhö = Durchfall
- Zunahme der Stuhlfrequenz (› 3-mal/Tag)
- Stuhlmenge (› 200 g/Tag)
- Flüssige Stuhlkonsistenz (Wassergehalt › 85 %)

Obstipation = Verstopfung
- Abnahme der Stuhlfrequenz (‹ 3-mal/Woche)
- Erschwerte Stuhlentleerung
- Harte Konsistenz und zu geringe Menge
- Gefühl der unvollständigen Stuhlentleerung

Spätfolgen vermeiden

Hier einige Tipps, wie Sie Durchfall und Verstopfung gezielt mit dem richtigen Ernährungs-Know-how entgegenwirken können.

Zu weicher Stuhl

An erster Stelle steht natürlich die Kontrolle des Speiseplans auf Glutenfreiheit. Am besten gelingt Ihnen dieses in Zusammenarbeit mit einer allergologisch geschulten Ernährungsfachkraft (www.ak-dida.de). Haben Sie auch nach zwei Wochen immer noch sehr weiche Stühle oder Blähungen, sollten Sie weiteren Diätfehlern auf den Grund gehen und sich von Ihrem Arzt auf Nahrungsmittelunverträglichkeiten oder andere Erkrankungen untersuchen lassen.

Durchfall

Das Symptom Durchfall kann bei Zöliakiepatienten zwei Ursachen haben:

› Zum einen ist die Darmschleimhaut direkt nach Diagnosestellung nicht intakt, sodass die Verdauung dauerhaft gestört ist. Weil die Nahrung im Dünndarm nicht vollständig aufgeschlossen werden kann, kommt es zu Fehlgärungen im Dickdarm, zu weichen Stühlen und Blähungen. Spätestens ein bis zwei Wochen nach der Umstellung auf eine glutenfreie Kost sollte allerdings eine deutliche Besserung der Stuhlkonsistenz eintreten.

› Zum anderen kann gerade die Kostumstellung vor allem zu Beginn Durchfälle verursachen, weil viele aus Unsicherheit die nun verbotenen glutenhaltigen Lebensmittel einfach nur durch glutenfreies aber fruktose- und ballaststoffreiches Obst und Gemüse ersetzen und damit oftmals eine physiologisch verträgliche Grenze überschreiten (s. auch Fruktose S. 6).

Voluminöser Stuhl

Nach der Diagnosestellung können Sie mit den glutenfreien Rezepten richtig schlemmen. Da Sie jetzt einfach mehr essen als vorher, steigt natürlich auch die Stuhlmenge. Dies ist ein rein physiologisches Resultat, das wir in unserem Beratungsalltag sehr häufig sehen. Es ist also ein ganz natürlicher Vorgang, wenn der Toilettengang häufiger als vorher auftritt, und Sie müssen sich deswegen keine Sorgen machen.

Verstopfung

Ein Problem – besonders beim »täglich Brot« – besteht im oft zu niedrigen Ballaststoffgehalt der glutenfreien Ersatz-Lebensmittel. Häufig stellt sich dieses Problem erst drei bis sechs Monate nach der Kostumstellung auf »glutenfrei« ein. Vor allem bei Patienten, die vorher unter Durchfall gelitten haben, kommt es im Laufe der Zeit dann meist erst zu einer wechselnden Stuhlkonsistenz, dann wiederholt zu sehr harten und durchaus schmerzhaften Stuhlentleerungen.

Folgende Tipps helfen:

Ausreichend trinken: Eine ausreichende Flüssigkeitszufuhr fördert eine gute Stuhlbildung. Bevorzugen Sie besonders in der Anfangsphase der Kostumstellung und bei Blähungen kohlensäurearme Getränke, wie Wasser oder Tee. Erwachsenen wird eine Flüssigkeitsmenge von ca. 2 Litern und Kindern je nach Alter von ca. 1,5 Litern täglich empfohlen.

Gemüse- und Obstverzehr überprüfen: Gedünstetes Gemüse sowie Obstspeisen helfen, den trägen Darm in Schwung zu bringen. Sie liefern die notwendigen wasserlöslichen Ballaststoffe, die sowohl Gase binden als auch eine weiche Stuhlkonsistenz fördern. Erwachsene sollten täglich mindestens 400 bis 500 g Gemüse und 250 g Obst in ihre Speisenauswahl einbauen. Das große Angebot sorgt für Abwechslung.

Isolierte Ballaststoffe: Leinsamenschrot, Apfelpektin, aber auch Ölsaaten können einen guten – oft unverzichtbaren – Ballaststoffbeitrag leisten und die Stuhlkonsistenz günstig beeinflussen. Sie lassen sich in Gebäcken, Aufstrichen und als ergänzende Zutat in vielen anderen Rezepten, z. B. Salaten, wirkungsvoll einsetzen.

Backen mit Genuss – es geht auch ohne Gluten

Komplett auf glutenhaltige Lebensmittel verzichten zu müssen, erscheint Ihnen zunächst als drastischer Einschnitt in die Lebensqualität. Denn die Diagnosestellung »Zöliakie« zwingt zu einer sofortigen lebenslangen Ernährungsumstellung. Nur bei strikter Einhaltung einer glutenfreien Kost werden Sie beschwerdefrei – und bleiben es auch. Selbst kleinste Mengen Gluten könnten Ihre Darmschleimhaut schädigen und müssen daher vermieden werden. Deshalb ist es aber trotzdem nicht nötig, auf leckeres Gebäck zu verzichten. Kekse, Kuchen, Brot, Brötchen, Pizza, Quiche & Co. dürfen auch in Zukunft verlockend aus Ihrem Backofen duften. Die Vorstellung, an einer Kaffeetafel ohne Kuchen sitzen zu müssen, können Sie also ganz schnell begraben.

Mit Kreativität gegen den Verzicht

Eine glutenfreie Ernährung verlangt nur nach ein bisschen Kreativität. Im Vergleich zu früheren Zeiten ist es aber heute leicht möglich, mithilfe einer großen Auswahl an glutenfreien Zutaten und ideenreichen Backrezepten eine leckere Vielfalt auf den Tisch zu bringen.
Sicher – Sie müssen einiges beachten: Das nun verbotene Gluten hat Ihnen bisher aufgrund seiner hervorragenden lebensmitteltechnologischen Eigenschaften vielfältige Anwendungsmöglichkeiten gewährt.
Sie sollten auf möglichst wenig Backkomfort verzichten müssen, wenn Sie in Zukunft nur mit glutenfreiem Mehl arbeiten dürfen. Deshalb werden an glutenfreie Mehlmischungen hohe Anforderungen hinsichtlich folgender Eigenschaften gestellt:

- Gelierfähigkeit,
- Emulgierfähigkeit,
- Wasserbindungsvermögen und
- Stabilisierungsvermögen.

Diese werden – je nach Ersatzprodukt – mal mehr und auch mal weniger gut erfüllt. Und bei einigen glutenfreien Teigzubereitungen muss man ein wenig tricksen.

Hauptersatzprodukte für glutenhaltige Mehle sind Mehle und Stärken aus glutenfreien Lebensmitteln. Da sich die glutenfreien Mehle und anderen Alternativen hinsichtlich der Teigführung und auch der Nährstoffqualität unterscheiden, haben wir diesen Kriterien viel Platz im Buch (s. Glutenfreies Mehlsorten-ABC ab S. 14 und Schatzkiste der Natur ab S. 16) gewidmet. Fakt ist: Bei der Zubereitung von glutenfreien Gebäcken müssen Sie gewisse Besonderheiten beachten und vielfach umdenken. Aber wenn Sie sich darauf einlassen und mit offenen Augen die zahlreichen Alternativen wahrnehmen, ist in Ihrer glutenfreien Backstube jede Teigzubereitung möglich. Auf leckeres Gebäck müssen Sie dann auf gar keinen Fall verzichten – auch ohne Weizen, Roggen, Dinkel, Grünkern, Gerste, Kammut und Triticale (s. S. 122).

Glutenfreier Backzauber – so klappt die Umstellung

Glutenfreies Backen ist anders!

Glutenfreie Gebäcke unterscheiden sich sowohl im Aussehen als auch in der Konsistenz, dem Geschmack und dem Geruch von herkömmlichen glutenhaltigen Gebäcken. Vor allem müssen Sie bei der Teigherstellung deutlich mehr Sorgfalt aufwenden als bei der Zubereitung bisheriger glutenhaltiger Backteige. Um die backtechnischen Eigenschaften von glutenfreien Mehlen zu verbessern, ist der Zusatz von Hilfsmitteln notwendig. Nur so kann eine gute Teigführung, vor allem aber eine bessere Wasserbindungsfähigkeit der glutenfreien Gebäcke erzielt werden. Von Haus aus kleben die Teige mehr und lassen sich schwerer formen als glutenhaltige Teige. Meist ist daher auch der Zusatz von isolierten Ballaststoffen (s. S. 17) ratsam. Außerdem sind die fertigen Gebäcke aus glutenfreien Mehlen eher trocken und bröselig.

So gelingt's

Für die Herstellung von glutenfreien Keksen, Brötchen, Kuchen & Co. kommen als stärkehaltige Rohstoffe z. B. Kartoffelstärke, Maisstärke, Maismehl, Reismehl, Sojamehl, Lupinenmehl, Buchweizen- und Hirseerzeugnisse als Alternative zum Einsatz. Als Ballaststoffkomponenten werden Zuckerrübenballaststoff, Kartoffelrohfaser oder auch Apfelrohfaser (Pektin) eingesetzt, während Guarkernmehl und Tapiokastärke als Backhilfsmittel gute Dienste tun. Verschiedene Ölsaaten und Nüsse sorgen nicht nur für Geschmack und eine bessere Nährstoffbilanz, sie verbessern ganz nebenbei auch die Teigführung. Denn sie können ein Mehrfaches ihres Gewichts an Wasser einlagern. Daher kann ihre Zugabe insbesondere das Verarbeiten in einer Brotbackmaschine deutlich verbessern. Das Gebäck klebt weniger, hält die Feuchtigkeit besser und bleibt deshalb auch länger frisch.

Nicht wundern: Wegen der Quellfähigkeit glutenfreier Mehlmischungen müssen Sie z. B. bei Brotteigen, die mit Hefe hergestellt werden, fast genauso viel Flüssigkeit wie trockene Zutaten verwenden. Das mag Ihnen am Anfang komisch und ungewohnt vorkommen, aber nur wenn Sie dies beachten, gelingt Ihr Gebäck. Grundsätzlich wird es dadurch aber schwerer als glutenhaltiges Gebäck.

Kontaminationsgefahr!

Wenn Sie in Ihrer Küche neben den glutenfreien Produkten auch glutenhaltige Lebensmittel verwenden, gilt beim Backen besondere Vorsicht. Denn selbst kleinste Mengen einer glutenhaltigen Verunreinigung machen Ihrem Darm das Leben schwer – seien es die Krümel einer glutenhaltigen Brotscheibe im Toaster oder andere Zutaten, die mehr als 20 ppm Gluten enthalten. Am sichersten bleibt Ihre Lebensmittelauswahl, wenn Sie sich nach der aktuellen DZG-Liste richten (www.dzg-online.de).

Praxistipps

Die folgenden Tipps sollen Ihnen helfen, Kontaminationen zu vermeiden:

- Alle verwendeten Zutaten sollen stets mithilfe der aktuellen DZG-Lebensmittelaufstellung überprüft werden.
- Arbeitsplatz, Spül-, Wischlappen und Handtücher, aber auch sämtliche Backutensilien sollen sorgfältig gereinigt werden, wenn sie vorher mit glutenhaltigen Lebensmitteln in Berührung gekommen sind.
- Die Reinigung von Holzstäbchen, Holzlöffeln, Holzbrettchen und anderen Arbeitsgeräten aus Holz ist schwierig. Darum sollen diese Hilfsmittel möglichst in doppelter Ausführung zur Verfügung stehen und jeweils eindeutig farblich markiert werden.

Mühlen & Co.

Glutenfreies Getreide darf nie in Getreidemühlen verarbeitet werden, die auch glutenhaltige Getreide vermahlen. Das macht den Einkauf in manchen Bioläden, Reformhäusern oder Lebensmittelmärkten schwierig. Denn dort wird zwar häufig als Serviceleistung die Benutzung einer Getreidemühle speziell für glutenfreies Mahlgut angeboten, allerdings weiß man nie, ob nicht doch aus Versehen vorher ein glutenhaltiges Getreide durch die Mühle gegangen ist. Daher ist die Anschaffung einer eigenen Getreidemühle für jeden Zöliakiebetroffenen eine Überlegung wert.

Am billigsten und am einfachsten zu bedienen, sind **handbetriebene Getreidemühlen.** Allerdings dauert das Mahlen von Hand lange und ist mühsam. Eine Handmühle kann nützlich sein, wenn es keinen Strom gibt, und sie passt in kleiner Ausführung auch ins Reisegepäck. Aber um z. B. 30 g Getreide zu mahlen, muss man schon über 80-mal die Kurbel drehen.

Da ist es **elektrisch** schon einfacher – entweder mit einer separaten Mühle mit Motor oder mit einem Mühlenaufsatz für die Küchenmaschine. Die Geräte werden als **Scheibenmahlwerke** oder als **Kegelmahlwerke** angeboten. Die Mahlleistung der elektrischen Geräte hängt von der Stärke des Antriebsmotors ab. Mit 150 W schaffen die Geräte 50 bis 60 g Feinschrot/Min. und ab 300 W gibt es 150 bis 200 g Feinschrot/Min. Das Backergebnis wird von der Art des Mahlwerkes nicht beeinflusst.

Stein, Stahl oder Keramik?

Steinmahlwerke werden aus Granit oder Basalt mit Magnesiteinlagen hergestellt. Sie erhitzen sich während des Mahlprozesses nicht so stark wie Stahlmahlwerke. Allerdings müssen sie »eingemahlen« werden. Sie sollten beim Einkauf deshalb darauf achten, dass Ihre Mühle glutenfrei eingemahlen wurde! Hersteller geben diesbezüglich gern Auskunft.

Ein **Stahlmahlwerk** ist immer dann sinnvoller, wenn Sie auch Ölsaaten (Mohn, Leinsamen, Sesam) verarbeiten wollen. Es erhitzt sich zwar höher, aber diese Mühlentechnik »verklebt« nicht so schnell und ist vielfältiger in der Anwendung.

Keramikmahlwerke sind zwar am teuersten, vereinen aber alle Vorzüge von Stein und Stahl in sich und sind damit am hochwertigsten.

Kaufkriterien Getreidemühle

Vor der Mühlenanschaffung sollten Sie sich ein paar kritische Fragen stellen:

- Welche Zutaten wollen Sie hauptsächlich vermahlen?
- Sind Ihnen der Einfülltrichter und die Handhabung angenehm?
- Wie viel Reste bleiben in dem Gerät zurück?
- Lässt sich das Gerät leicht auseinandernehmen und reinigen?
- Wie laut arbeitet das Gerät?

Glutenfreies Mehlsorten-ABC

Ihnen steht ein vielfältiges Angebot an glutenfreien Mehlen, Mehlmischungen und Backhilfsmitteln zur Verfügung. Je nachdem, ob Sie Brote oder Mehlspeisen, Feingebäck oder Waffeln herstellen möchten, es gibt für jede Zubereitung mittlerweile auch einen guten glutenfreien Ersatz. Fertig zu kaufende Mehlmischungen sind für unterschiedliche Backzwecke konzipiert und vielseitig einsetzbar (s. auch S. 120 f). Damit das große Angebot glutenfreier Alternativen als fertige Mehlmischungen leichter überschaubar ist, haben wir die wichtigsten Grundstoffe im Folgenden näher beschrieben.

Amaranth: Die runden, nussartig schmeckenden Samen zeichnen sich durch einen relativ hohen Eiweißgehalt aus. Amaranth gibt es überwiegend als ganzes Korn oder gepufft im Handel.

Bananenmehl: Dieses Mehl wird aus getrockneten Kochbananen, auch Gemüsebananen genannt, hergestellt. Es hat eine hohe Backfähigkeit und hält Backwaren länger frisch und saftig.

Buchweizen: Sein Geschmack ist kräftig. Die Glutenfreiheit von deutschem Buchweizen ist wegen der häufigen Anbauweise neben glutenhaltigen Getreidefeldern unsicher. Buchweizen sollten Sie daher stets als diätetisches Produkt – gekennzeichnet mit dem Symbol der durchgestrichenen Ähre – kaufen.

Hirse: Als ganzes Korn oder gemahlen hat Hirse ein hohes Quellvermögen und benötigt bei der Teigführung daher viel Wasser. Hirsegebäcke fallen besonders durch ihren aromatischen süßlichen Geschmack und ihre attraktive gelbliche Farbe auf.

Hülsenfrüchte: Sie bestechen durch ihre besonders gute Eiweißqualität und werten deshalb in der glutenfreien Kost die Nährstoffbilanz des täglichen Speiseplans auf. In der Backstube sollten deshalb nussig-aromatisches **Kichererbsen-,** geschmacksneutrales **Lupinen-** und linolsäurereiches **Sojamehl** nicht fehlen. Sie alle machen glutenfreies Gebäck schön saftig und verbessern die Teigführung.

Kartoffelmehl/-stärke: Kartoffelstärke kann überall dort in glutenfreien Gebäcken Anwendung finden, in denen eine stabilisierende oder emulgierende Funktion gefragt ist. Kartoffelmehl erfreut sich wegen seines neutralen Geschmacks sehr großer Beliebtheit.

Kastanienmehl: Das herzhafte und leicht bitter schmeckende Mehl spendiert glutenfreien Broten vor allem eine Extraportion Aroma.

Kokosmehl: Als Mehlersatz bringt es Feuchtigkeit und vor allem Ballaststoffe in die Teige und kann somit einen guten Beitrag zu einer geregelten Verdauung leisten.

Mais: Mais hat einen hohen Anteil an Kohlenhydraten und Eiweiß; ebenso enthalten sind Magnesium, Zink und Betacarotin. Er macht sich zu Mehl, Grieß oder Stärke verarbeitet besonders gut in glutenfreien Kuchen und Pfannkuchen, bindet aber auch Suppen und Saucen.

Pfeilwurzelmehl (Arrowroot): Das stärkehaltige, geschmacksneutrale Mehl wird aus verschiedenen Pflanzen hergestellt, ist einfach zu verarbeiten und eignet sich sehr gut zum Binden und Emulgieren.

Quinoa: Die sehr stärkehaltigen Samen erinnern an Hirse. Quinoa zeichnet sich durch einen sehr hohen Gehalt an der essenziellen Aminosäure Lysin aus, die wesentlich für eine gute Eiweißqualität ist. Das Getreide eignet sich vor allem für Brote und Pfannkuchen.

Reis: Sein Korn wird zu Reispapier, Puffreis, Reisflocken, Reisnudeln sowie Reisgebäck verarbeitet. Das größtenteils aus Bruchreis gewonnene Reismehl wird gerne glutenfreien Mehlmischungen zugesetzt, eignet sich aber auch zum Binden von Suppen und Saucen.

Teffmehl: Teff gehört zu den Süßgräsern und ist auch als Zwerghirse bekannt. Dieses Mehl schmeckt nussig, leicht süß, sehr mild und unaufdringlich. Deshalb, vor allem aber aufgrund seiner guten Teigführungseigenschaften, erfreut es sich zunehmender Beliebtheit. Die kleinen Körner werden samt Spelze vermahlen und geben jedem Teig – ähnlich einem Vollkornmehl – einen dunklen Farbton. Seine Verarbeitungsmöglichkeit ist unkompliziert und vielfältig.

Verdickungsmittel – es geht nicht ohne

Für eine gute Teigführung wird den glutenfreien Mehlen Verdickungsmittel beigemischt.

Agar-Agar (E 406): Die Pflanzengelatine aus ostasiatischen Algen wird als Pulver, in vierkantigen Stäben und als Blätter angeboten und dient auch Veganern als Gelatineersatz. Agar-Agar wird in etwas Flüssigkeit aufgekocht.
1 gestrichener Teelöffel Agar-Agar-Pulver entspricht ca. 8 Blättern Gelatine. Wie bei Gelatine beginnt die verdickende Wirkung jedoch erst beim Abkühlen der Speisen.

Carrageen (E 407): Aus Rotalgenarten hergestellt, eignet es sich zum Eindicken von Flüssigkeiten und wird oft in Mischungen mit anderen pflanzlichen Verdickungsmitteln eingesetzt.

Guarkernmehl (E 412): Dieses Bindemittel wird aus den Samen der Guarbohne gewonnen und hat verdickende und emulgierende Wirkung sowie eine hohe Fähigkeit, Flüssigkeiten in kaltem Zustand zu binden.

Tapioka: Diese Stärke wird aus getrockneten Maniokwurzeln hergestellt und ist als Flocken oder Kügelchen im Handel erhältlich. Sie hat einen mehligen Geschmack, der nur durch einen längeren Garprozess verloren geht.

Tarakernmehl (E 417): Das gelbildende Mehl wird aus dem Samen des Tarastrauches gewonnen. Es gilt als Ballaststoff mit verdauungsfördernder Wirkung.

Traganth (E 413): Der Pflanzensaft aus den in Asien beheimateten Sträuchern kann schon in geringen Mengen eingesetzt, Flüssigkeiten stark zähflüssig machen.

Xanthan (E 415): Dieser künstliche Ballaststoffzusatz, der durch Bakterien gebildet wird, erhöht die Wasserbindungsfähigkeit von Teigen. Dadurch wird das schnelle Austrocknen von Brot- und Backwaren verzögert.

Schatzkiste der Natur – Nüsse, Samen & Co.

Nüsse, Samen & Co. sind aus der glutenfreien Backstube nicht wegzudenken. Sie kommen in süßem wie herzhaftem Gebäck zum Einsatz und spendieren Ihnen dank herzgesunder Fette sowie beachtlicher Ballast- und Mineralstoffgehalte eine Extraportion Gesundheit. Bestücken Sie Ihre glutenfreie Backstube mit diesen Zutaten direkt aus der Natur. Denn Nüsse, Kerne, Samen und natürliche Ballaststoffe, wie z. B. Apfelpektin, helfen Ihnen, Ihr Wohlbefinden zu steigern sowie Ihr Immunsystem zu stärken. Gleichzeitig schmecken sie sehr gut und verbessern die Qualität glutenfreier Teige.

Nüsse, Samen & Co.

Cashewkerne werden roh sowie geröstet und/oder gesalzen als Bestandteil in verschiedenen Snackmischungen angeboten, die sowohl in pikantem wie auch in süßem Gebäck für viel Geschmack sorgen. Das in den Cashewkernen enthaltene Fett (42 g/100 g) besteht zu 65 % aus herzgesunden mehrfach ungesättigten Fettsäuren. Zudem sind Cashewkerne mit 260 mg/100 g eine gute Magnesiumquelle.

Erdnüsse gehören botanisch gesehen zu den Hülsenfrüchten. 100 g Erdnüsse enthalten 48 g Fett, das sich überwiegend aus einfach (49 %) und mehrfach (29 %) ungesättigten Fettsäuren zusammensetzt. Mit 11 g/100 g sind Erdnüsse gute Ballaststofflieferanten.

Die **Erdmandel** ist ein in den Tropen Ostafrikas beheimatetes Sauergrasgewächs. Seine Früchte schmecken mandel- oder nussartig und können diese in allen Rezepten im Verhältnis 1 : 1 ersetzen. Allerdings müssen Sie sich an der aktuellen DZG-Liste orientieren. Erdmandeln liefern etwa 25 % mehr Ballaststoffe als Mandeln und sind gemahlen, als Flocken oder Mus in gut sortierten Reformhäusern erhältlich.

Ob im Ganzen, gehackt, gemahlen, roh oder geröstet, **Haselnüsse** enthalten rund 60 % Fett inklusive eines hohen Gehalts an Vitamin E (26 mg/100 g). Dieses wichtige fettlösliche Vitamin ist gerade in der ersten Phase der Ernährungsumstellung sehr wichtig.

Kokosnüsse verleihen roh oder getrocknet als Raspel oder Chips Gebäcken und Broten einen exotischen Touch. Fein geraspeltes frisches Kokosnuss-Fruchtfleisch macht durch seinen hohen Fettgehalt Gebäck elastisch.

Lein wurde schon vor 8000 Jahren angebaut. Seine Samen enthalten bis zu 44 % Fett, das den Körper kaltgepresst mit vielen wichtigen und gesunden Fettsäuren versorgt. Leinsamenschrot wirkt in Kombination mit viel Flüssigkeit als mildes Abführmittel.

Die auch Queenslandnuss genannte **Macadamia** ist mit 73 % die fettreichste Nuss. Ihr Fett ist jedoch sehr wertvoll, denn es besteht zu über 80 % aus cholesterinsenkenden einfach ungesättigten Fettsäuren. Mit 8 g/100 g sind Macadamias auch eine gute Ballaststoffquelle.

Mandeln in all ihren auf dem Markt angebotenen Formen liefern 580 kcal/100 g. Gut die Hälfte ihres Gewichts besteht aus Fett (51 g/100 g), das sich überwiegend aus einfach ungesättigten Fettsäuren (Omega-9) zusammensetzt. Mandeln sind mit 12 g/100 g beachtliche Ballaststofflieferanten.

Die blaugrauen nierenförmigen **Mohnsamen** enthalten 51 % Fett. Sie werden gemahlen oder als fertige Mohnmasse, die sich als Teigzusatz oder als Füllung eignet, angeboten. Bevor Sie diese verwenden, sollten Sie aber einen Blick in die aktuelle DZG-Liste (s. S. 22) werfen. Brote und Salzgebäcke schmecken prima, wenn Sie sie mit Mohnsamen bestreuen.

Paranüsse sind roh, geröstet, mit oder ohne Salz ein Genuss. Die 67 g Fett, die in 100 g Paranüssen stecken, bestehen hauptsächlich aus einfach und mehrfach ungesättigten Fettsäuren. Die essenzielle Linolsäure (Omega-6) spielt darunter mit 20 g/100 g eine der Hauptrollen. Obendrauf gibt's mit 376 mg/100 g eine Extraportion Magnesium.

Pekannüsse liefern pro 100 g etwa 72 g Fett, in dem einfach ungesättigte Fettsäuren mit 62 % den Hauptanteil ausmachen. Über die 70 mg Calcium pro 100 g freuen sich Ihre Knochen.

100 g **Pinienkerne** liefern 68 g Fett, das den Körper mit 28 % einfach ungesättigten Fettsäuren, 50 % mehrfach ungesättigten Fettsäuren (darunter viel essenzielle Linolsäure) und 7 % gesättigten Fettsäuren versorgt.

Kaliumreiche **Pistazien** aromatisieren glutenfreie Teige oder verleihen Kuchen und Torten als dekoratives Topping optischen Glanz. Die enthaltenen einfach und mehrfach ungesättigten Fettsäuren sorgen fürs Gesundheitsplus.

Die auch als indische Flohsamenschalen bekannte Ballaststoffmischung **Psyllium** verbessert dank ihrer guten Quelleigenschaften die Qualität glutenfreier Teige und kann die Verdauung positiv beeinflussen. Aber nur, wenn Sie gleichzeitig ausreichend trinken.

Sesamsamen enthalten bis zu 63 % Fett, darunter besonders viel Linolsäure, die der Körper nicht selbst herstellen kann, vor allem aber 783 mg/100 g Calcium. Das in den Samen enthaltene Eiweiß liefert, bis auf den etwas geringen Lysinanteil, alle für den menschlichen Körper wichtigen Aminosäuren im idealen Mengenverhältnis. Sesam verleiht Gebäcken ein nussartiges Aroma, das durch Rösten noch verstärkt wird.

Walnüsse liegen mit 60 g Fett/100 g im direkten Nussvergleich in Sachen Fettgehalt auf einer Mittelposition. Ihr Fett setzt sich zusammen aus 14 % einfach ungesättigten Fettsäuren, 72 % mehrfach ungesättigten Fettsäuren und 9 % gesättigten Fettsäuren.

Ballaststoff-Wunder der Natur

Apfelpektin bringt dank seiner Quellfähigkeit die Verdauung auf Trab und hält lange satt – allerdings nur in Kombination mit genug Flüssigkeit. Apfelpektin verbessert die Backeigenschaften von glutenfreien Teigen sowie das Feuchtigkeitsrückhaltevermögen.

Zuckerrübenballaststoff verleiht glutenfreiem Gebäck nicht nur ein angenehm malziges Aroma, er erhöht auch seine Wasserbindungsfähigkeit und hält es dadurch länger frisch.

Glutenfreie Backzutaten –

in Hülle und Fülle

Backtriebmittel

Backpulver ist eine Mischung aus Natron und einem Säuerungsmittel und eignet sich für alle Rührteige. Durch Wärme und Feuchtigkeit bilden sich Kohlensäurebläschen, die den Teig auflockern. Teige mit Backpulver sollen nicht ruhen, sondern können gleich in den Backofen gegeben werden.

Als biologisches Triebmittel ist **Hefe** erhältlich – als *Frischhefe* in Würfeln (à 42 g) oder als *Trockenhefe* in Päckchen (à 7 g). Frische Hefe duftet angenehm weinähnlich und der Würfel ist hell. Zeigt Frischhefe braune Stellen oder ist schmierig, hat sie ihren Zenit überschritten und ist zum Backen nicht mehr geeignet. Wer den Geschmack von frischer Hefe mag, kann bedenkenlos auch 10 bis 20 g mehr frische Hefe verwenden als im Rezept angegeben. Trockenhefe muss dagegen nach Herstellerangabe verwendet werden.

Backferment entsteht auf der Basis von Bienenhonig sowie Milchsäurebakterien und Hefepilzen. Es wird als Triebmittel für Brote verwendet. Glutenfreies Spezial-Mais-Backferment gibt es von der Firma »Sekowa«.

Hirschhornsalz ist ein chemisches Triebmittel, das für flache und trockene Gebäcke verwendet wird. Es zersetzt sich beim Lagern an der Luft und muss daher in gut geschlossenen Behältern aufbewahrt werden.

Als natürliches Backpulver kommt **Weinstein (E 336)** zum Einsatz. Er enthält Zitronen- oder Weinsäure. Die Backzeit sollte für süße Weinsteingebäcke ausreichend lang sein, da er bei nur kurzen Backzeiten sonst einen leicht säuerlichen Geschmack hinterlässt.

Pottasche (Kaliumcarbonat) lockert vor allem Leb- und Honigkuchenteige. Wichtig ist, dass Sie Gebäcke, die Pottasche enthalten, mit genügend Abstand zueinander aufs Backblech setzen, da sie stark aufgehen.

Weitere Backzutaten

Backaromen: Dabei handelt es sich um industriell hergestellte, intensive Mischungen aus Aromastoffen und Wasser oder Pflanzenöl. Die bekanntesten sind Butter-, Rum-, Orangen-, Zitronen-, Vanille- und Bittermandelaroma. Doch Vorsicht – ein Zuviel lässt das Gebäck künstlich und zu intensiv schmecken. Verwenden Sie die Aromen daher sparsam und nach Herstelleranweisung. Noch besser: Verwenden Sie zum Aromatisieren natürliche Alternativen, z. B. selbst gemachtes Zitronenöl. Dazu 3 EL abgeriebene Bio-Zitronenschale mit 200 ml Nussöl mischen. Diese Mischung 2–3 Tage durchziehen lassen, dann durch ein feines Sieb gießen, um die Zitronenschale zu entfernen. Das Öl in einem Schraubglas im Kühlschrank aufbewahren, so hält es sich ca. 2 Monate.

Belegkirschen: Kandierte Kirschen, die in Zuckersirup eingelegt wurden. Aufgrund ihrer schönen roten Farbe finden sie beim Garnieren Verwendung. Gibt man sie ganz oder zerkleinert zum Teig, können sie nach dem Backen in glutenfreien Gebäcken für Feuchtigkeit sorgen.

Gelatine: Sie sorgt meist bei der großen Tortenparade für den nötigen Halt. Es gibt sie in Weiß oder Rot, in Blattform oder auch gemahlen. *Blattgelatine* in kaltem Wasser nach Packungsangabe einweichen, quellen lassen, herausnehmen, ausdrücken und in einem kleinen Topf auflösen. *Gelatinepulver* nach Herstellerangaben in kaltem Wasser einweichen, quellen lassen und anschließend ebenfalls auflösen. Gelatine darf nicht kochen, da sie dann ihre Gelierkraft verliert. Idealerweise bereitet man Gelatinespeisen möglichst einige Stunden vor dem Verzehr zu, denn sie benötigen Zeit (am besten über Nacht), bis sie fest werden. Gelatine sollten Sie immer in einem geschlossen Behälter aufbewahren, um sie vor Feuchtigkeit zu schützen.

Korinthen und Rosinen: Die kleinen luftgetrockneten rötlich blauen bis schwarzvioletten kernlosen Beeren sollten vor der Verwendung gewaschen und anschließend trocken getupft werden. Wenn sie dann mit etwas gemahlenen Mandeln oder einem glutenfreien Mehl vermischt werden, sinken sie in Rührteigen nicht zum Boden.

Krokantstreusel: Dafür werden üblicherweise gehackte Haselnüsse kandiert. Die süße Knusperzutat eignet sich zum Bestreuen und Verzieren von Kuchen, Torten oder Pralinen. Es gibt aber auch Krokantstreusel, die rein aus einer Zuckermasse hergestellt werden.

Marzipanrohmasse: Sie entsteht, indem fein geriebene Mandeln mit Zucker und Rosenwasser gemischt werden. Marzipan finden Sie als Block oder als Platte zum Umhüllen von Kuchen und Torten im Backregal des Supermarkts.

Nugat: Was so zart auf der Zunge schmilzt, ist eine konzentrierte weiche Masse aus geschälten Nusskernen, Kakaoerzeugnissen und Zucker. Geschmolzen kann Nugat als Teigzusatz, für Kuchen- und Tortenfüllungen und zum Garnieren verwendet werden. Umhüllt er das Gebäck, verhindert er das schnelle Austrocknen der glutenfreien Spezialitäten.

Orangeat: Ist die kandierte Fruchtschale der Pomeranze, die gewürfelt oder auch in halben Schalen angeboten wird. Sie kann zum Garnieren oder gewürfelt als aromatischer und gleichzeitig saftiger Teigzusatz in Kuchen, Stollen und Lebkuchen verwendet werden.

Vanille: Ihr edles Aroma darf auch in der glutenfreien Backstube nicht fehlen. Die Schoten längs aufschlitzen und das Mark mit einem spitzen Messer herauskratzen.

Zitrusfrüchte: Verwenden Sie ungespritzte Früchte, die Sie sorgfältig waschen und abtrocknen. Mit einer feinen Reibe oder einem Juliennemesser können Sie die aromatische Schale von Orange, Zitrone & Co. abreiben bzw. -schälen. Die weiße bittere Haut lassen Sie dabei zurück. Bei häufiger Verwendung von Zitronen- und Orangenschale können Sie sich auch einen haltbaren Vorrat anlegen: Dazu mehrere Bio-Früchte abreiben und den Schalenabrieb mit reichlich Zucker vermengen. Die Mischung in ein Schraubglas füllen und im Kühlschrank aufbewahren.

Zitronat: Die kandierten Fruchtschalen von Zitronen nennt man auch Sukkade. Sie werden gewürfelt und in halben Schalen angeboten. Zitronat eignet sich genauso wie Orangeat zum Garnieren oder als Teigzusatz für Gebäcke.

Backen bei Zöliakie – diese Fragen habe ich noch

Warum geht mein Hefeteig nicht genügend auf?

Stellen Sie sicher, dass das Haltbarkeitsdatum der Hefe nicht abgelaufen ist.
Alle Zutaten sollten möglichst Zimmertemperatur haben. Dies gilt insbesondere dann, wenn Sie Frischhefe verwenden. Achten Sie darauf, dass der Hefeteig nicht zu kurz, aber auch nicht zu lang geknetet wird. Lassen Sie glutenfreie Hefeteige mindestens einmal auf die doppelte Größe aufgehen. Besonders bei sehr fettreichen Teigen sollten Sie einen Vorteig ansetzen und die Teige lange genug gehen lassen, da die Hefe den Teig dann besser auflockern kann.

Trockenhefe oder Frischhefe – was ist besser?

Bei den meisten Gebäcken müssen Sie zwei Beutel Trockenhefe verwenden, wenn Sie das gleiche Ergebnis wie bei der Verwendung von einem Würfel Frischhefe erzielen möchte. Die Teigführung ist jeweils etwas anders. Trockenhefe ist länger haltbar als Frischhefe. So eignet sie sich auch für spontanes Backen, weil man sie gut lagern kann. Einen Unterschied im fertigen Gebäck werden Sie nicht herausschmecken.

Warum bräunt mein Gebäck nicht im Ofen?

Die Zusammensetzungen und die Eigenschaften der glutenfreien Mehle sind der Grund für eine deutlich hellere Farbe als die von herkömmlichen glutenhaltigen Gebäcken. Wenn möglich, verwenden Sie dunkle Backformen aus Schwarzblech, da sie dem Teig ein gleichmäßiges leicht gebräuntes Aussehen verleihen. Weißblechformen sind ungünstig. Eine mit gezuckerter Kondensmilch bestrichene Oberfläche kann nachhelfen. Grundsätzlich bleiben glutenfreie Gebäcke aber immer heller.

Warum lässt sich mein Gebäck nicht formen?

Die verschiedenen Rohstoffe haben jeweils ein unterschiedliches Quell- und Wasserbindungsvermögen. Die Verarbeitung ist daher je nach verwendeter Mehlmischung unterschiedlich. Immer aber lässt die Elastizität und damit die Stabilität des Teiges mit zunehmender Erwärmung nach. Umso fester der Teig bleibt, desto besser lässt er sich zwar verarbeiten, kann aber auch zu trocken werden.

Warum reißt mein Gebäck an der Oberfläche?

Die fehlende Teigstabilität der glutenfreien Mehle ist schuld daran. Mit einem kleinen Trick können Sie aber dennoch eine glatte Oberfläche erzielen: Dazu verrühren Sie 1 TL glutenfreie Speisestärke mit 1/8 l Wasser und kochen das Ganze auf. Gleich nach dem Herausnehmen des fertigen Gebäcks bestreichen Sie dies mit dem Stärkewasser und lassen es dann auskühlen. Die Stärke verbindet die Oberfläche und lässt sie gleichzeitig schön glänzen.

Warum haben meine Rührkuchen einen »Schlickstreifen«?

Meist ist zu viel Flüssigkeit bei der Teigführung und/oder die zu hohe Backtemperatur der Grund für den Feuchtigkeitsstreifen. Gebäcke mit langer Backzeit immer mit eher niedriger Temperatur backen, im Zweifel lieber erst nach der Hälfte der Backzeit die Temperatur erhöhen. So bleibt die Oberfläche zu Beginn des Backprozesses noch porös, und die Teigstruktur kann sich besser ausbilden. Bei Backöfen mit Ober- und Unterhitze das Gebäck immer so einschieben, dass sich die Teigoberfläche auf Höhe der Backofenmitte befindet.

Warum wird mein Gebäck so schnell altbacken?

Leider ist das eine Eigenart der glutenfreien Gebäcke. Dagegen hilft nur, glutenfreie Brote und Gebäcke portionsweise einzufrieren. Tiefgekühlte Brotscheiben lassen sich dann in einem separaten Toaster, der nur für glutenfreie Gebäcke benutzt wird, aufbacken. Durch das kurze Rösten erlangen sie ihre gewohnte Knusprigkeit und ihr Aroma zurück.

Kann ich meine »alten« Rezepte in glutenfreie Rezepte umwandeln?

Gute und häufige Frage! Die verschiedenen Mehlmischungen, die es im Handel gibt, ermöglichen eine große Vielfalt. Aber es ist noch nicht gelungen, ein Mehl auf den Markt zu bringen, das 1 : 1 anstelle eines glutenhaltigen Mehls benutzt werden kann. Da hilft nur, auszuprobieren und mit Fingerspitzengefühl die vielfältigen Rezeptvarianten der Hersteller dem Ursprungsrezept anzugleichen. Eine Patentlösung gibt es leider noch nicht.

Wie lange muss ich die Ernährungsumstellung einhalten?

Wenn die Diagnose Zöliakie durch eine Blutentnahme und eine Biopsie (s. auch S. 122) gesichert wurde, ist eine lebenslange glutenfreie Kost unumgänglich. Nur diese glutenfreie Kost bewahrt vor den Folgeerkrankungen, die stete Diätfehler auslösen können.

Ein Wort zur KZVO – die Kennzeichnungsverordnung

Seit 2005 müssen alle verpackten Waren im Lebensmittelhandel, die Gluten enthalten, entsprechend gekennzeichnet sein. Viele Hersteller haben seitdem ihre Rezepturen verändert, sodass es immer lohnend ist, noch einmal einen Sicherheitsblick – auch bei langjährig bekannten Zutaten – in die aktuelle DZG-Lebensmittelaufstellung zu werfen. Denn einmal jährlich schreibt die Deutsche Zöliakie-Gesellschaft e. V. über 3 500 Firmen an und befragt sie über ihr glutenfreies Warensortiment. Auf Basis verlässlicher Firmenrückantworten wird dann mit großer Sorgfalt das sicher glutenfreie Warensortiment aufgelistet. Diese »Auflistung glutenfreier Lebensmittel« der verschiedenen Hersteller ist eine **Positiv-Liste,** die auch Vertriebs- und Bezugsadressen nennt. Zusätzlich lassen sich Lebensmittel über ein Markenregister suchen bzw. Angaben zum Laktosegehalt finden.
Diese **DZG-Liste** hat ausschließliche Gültigkeit für in Deutschland vertriebene Produkte.
Um sich rechtlich bei dieser strengen gesetzlichen Vorgabe abzusichern, gehen viele Hersteller den Weg, auf der Verpackung eventuell mögliche produktionsbedingte Gluten-Kontaminationen zu benennen. Und so tragen viele Verpackungen aus Produkthaftungsgründen die Hinweise:

- »Kann Spuren von Gluten enthalten.« oder
- »In unserem Betrieb wird Gluten verarbeitet.«,

obwohl die Produkte laut Rezept kein Gluten enthalten.

> **➤ Hafer**
>
> Sortenreiner und nicht kontaminierter Hafer darf als »glutenfrei« gekennzeichnet werden, sofern er maximal 20 ppm (2 mg/100 g) oder weniger Gluten enthält.
> Da unabhängig von dieser Rechtssprechung bei Fachgremien weiterhin noch unterschiedliche Auffassungen hinsichtlich der Verwendung von Hafer bestehen, empfiehlt die DZG diese auch nur in enger Absprache mit Ihrem Arzt.

Wenn Sie unsicher sind, ob ein Produkt wirklich glutenfrei ist, kann nur der Blick in die aktuelle DZG-Liste helfen. Denn mittlerweile können viele Hersteller eine Kontamination oberhalb der für Zöliakiebetroffene relevanten Grenzwerte ausschließen, sodass das Lebensmittel zwar diesen Warnhinweis trägt, aber trotzdem für die glutenfreie Kost geeignet ist.

Was ist glutenfrei? – Ein Wort zur Stärke

Seit August 2008 gilt ein Lebensmittel als glutenfrei, wenn es maximal 20 ppm (2 mg/100 g) Gluten enthält.
Stärken sind Hauptbestandteil der im Mehl enthaltenen Kohlenhydrate. Sie werden extrahiert,

indem das Mehl in eine Wasserlösung gegeben wird. So können Proteine, Fette und Ballaststoffe abgetrennt werden, da diese nicht wasserlöslich sind. Bei der Stärkegewinnung aus glutenhaltigen Getreidesorten ist eine hundertprozentige Glutentrennung aber meist nicht möglich. Auch können die am Markt möglichen Methoden zur Gewinnung von glutenfreien Ausgangsprodukten eine Kreuzkontamination durch andere glutenhaltige Getreidearten nicht zweifelsfrei verhindern. Zu einer Gluten-Verunreinigung kann es beispielsweise in verschiedenen Prozessphasen der Herstellung kommen, wie z. B. bei Ernte, Transport, Lagerung oder dem Vermahlen. Endprodukte jeglicher Art können so Gluten oder Spuren von Gluten enthalten.
Stärke, die laut Stärkeverordnung einen maximalen Eiweißanteil von 0,5 % (ca. 200 ppm) enthalten darf, nennt man Primaweizenstärke (A-Stärke). Sie galt bis vor Kurzem als glutenfrei. Seit Jahren wird auf nationaler und internationaler Ebene diskutiert und gestritten, ob die Angabe »glutenfrei« hier zulässig ist. Zöliakiegesellschaften und Hersteller glutenfreier Produkte hielten sich trotzdem überwiegend an die strengeren Vorgaben der sogenannten diätetisch glutenfreien Stärke, die lediglich einen Resteiweißgehalt von 0,3 % enthalten darf, ohne dass es hier einen juristischen Konsens gab. Bis 2008 wurden deshalb Produkte in der DZG-Lebensmittelaufstellung, die Primaweizenstärke enthielten, aufgrund der möglichen Spannbreite des Glutengehaltes (20 ppm bis 200 ppm) auch separat gekennzeichnet. Seit August 2008 mit Beschluss einer EU-Verordnung, dem »Codex alimentarius«, muss nun der Glutengehalt eines Lebensmittels unter 20 ppm liegen, um als »glutenfrei« in der Zutatenliste aufgeführt werden zu dürfen. Wie bei der Allergenkennzeichnungsverordnung gilt eine Übergangsfrist von drei Jahren, bevor diese EU-Verordnung am 01. 01. 2012 in unmittelbares Recht auch in den Mitgliedsstaaten übergeht.

Für glutenfreie Stärken reicht der Begriff »Stärke«. Diese Bezeichnung ohne weitere Zusätze heißt immer, dass es sich um glutenfreie Stärke handelt. Das Gleiche gilt für die »modifizierte Stärke«. Auch sie ist ohne weiteren Zusatz immer aus einem glutenfreien Ausgangsprodukt hergestellt. Bei den modifizierten Stärken handelt es sich um Stärke, die chemisch oder physikalisch verändert wurde. Dadurch erweitern sich ihre Verwendungsmöglichkeiten. Modifizierte Stärke bindet u. a. auch kalte Speisen. So muss z. B. hitzeempfindliches Obst für eine Fruchtgrütze nicht aufgekocht werden, um es einzudicken.

Verzuckerungsprodukte

Werden sogenannte Polysaccharide (Vielfachzucker) weiter abgebaut, so entsteht Stärkezucker, z. B. Glukose- oder Fruktosesirup. Dieses Konzentrat kann zwar noch 0,4 % Resteiweiß enthalten und könnte damit auch einen entsprechenden Glutengehalt aufweisen. Von den Herstellern wurden aber im Zeitraum 2005 bis 2007 viele Untersuchungen vorgelegt, die dessen Ungefährlichkeit hinsichtlich des Glutengehaltes für Zöliakiebetroffene nachweisen konnten. Der Restgehalt an Gluten ist durch die Zerlegungsschritte für Glukose- und Fruktosesirup, auch wenn sie aus glutenhaltigen Getreidesorten (wie Weizen oder Gerste) hergestellt werden, so niedrig, dass diese beiden Sirup-Arten für die glutenfreie Ernährung dennoch unbedenklich sind.
Seien Sie also nicht verunsichert, wenn der Glukosesirup aus Weizenstärke aufgrund des Ausgangsprodukts Weizen gekennzeichnet ist, aber trotzdem glutenfrei ist. Um hier Verwirrung zu vermeiden, schlagen Sie am besten immer in Ihrer aktuellen DZG-Liste nach.

Vor dem Start – Tipps & Kniffe

aus der Backstube

Bevor wir nun mit den glutenfreien Backvariationen loslegen, haben wir Ihnen ein paar einfache Regeln aufgestellt, damit Sie problemlos die leckeren Gebäcke herstellen und anschließend genießen können.

Backe, backe Kuchen! – Aufgepasst, bevor es losgeht!

› Säubern Sie den Backofen, wenn nötig, nach jedem Gebrauch mit Spülmittellauge. Eventuell auch mit einem feinen Scheuermittel, und von Zeit zu Zeit mit einem Backofenreiniger, um Kontaminationen zu vermeiden. So steht dem glutenfreien Backgenuss nichts im Wege.

› Alle Zutaten sollten möglichst Zimmertemperatur haben. Große Temperaturunterschiede nehmen Ihnen glutenfreie Teigzutaten übel.

› Die Zubereitung glutenfreier Backwerke bedarf eines genauen Abwiegens der festen Zutaten. Bei den meisten Flüssigkeitsangaben sind Schätzwerte angegeben. Sie unterscheiden sich je nachdem, welche Mehlmischung oder Mehlsorte verwendet wird.

› Fetten Sie die Kuchenbleche und Kuchenformen nicht mit Speiseöl, sondern mit Butter oder Margarine ein. Speiseöl hinterlässt Rückstände an der Kuchenform, die nur schwer zu entfernen sind. Silikonbackformen brauchen nicht eingefettet werden.

› Verwenden Sie Backpapier, wenn Sie größere Mengen an Kleingebäck backen wollen. So ersparen Sie sich das Einfetten und die Reinigung der Backbleche. Besonders ratsam ist dies bei empfindlichen Kleingebäcken, wie z. B. Baiser.

› Die Fettpfannen des Backofens sind emailliert und haben an allen vier Rändern einen höheren Rand. Obst-, Quark- oder andere glutenfreie Blechkuchen mit einer feuchten Füllung bereiten Sie am besten in der Fettpfanne zu. So kann keine Flüssigkeit (z. B. Obstsaft) überlaufen, da der Rand der Fettpfanne höher ist, und der Backofen bleibt sauber.

› Mürbeteig für Weihnachtsplätzchen rollen Sie am besten zwischen zwei Lagen Frischhaltefolie oder Backpapier aus. So klebt der sowieso schon eher weiche Teig weder am Nudelholz noch an der Arbeitsfläche fest.

› Verzichten Sie bei der Zubereitung von Knet- und Rührteigen auf zu kräftiges und zu langes Kneten und Rühren. Glutenfreie Stärke kann die Flüssigkeit nicht lange festhalten, somit dient das Kneten und Rühren der Teigzutaten lediglich dazu, alles zu vermengen. Die anschließende Teigruhe bzw. der anschließende Quellprozess ist für ein gutes Gelingen bei der Zubereitung von glutenfreien Gebäcken dafür deutlich wichtiger als bei vergleichbaren glutenhaltigen Gebäcken.

› Wundern Sie sich nicht über Von-bis-Angaben für Flüssigkeiten, aber auch Mehl- und Eimengen in den Zutatenlisten der Rezepte. In der Tat kann man für glutenfreie Teige dafür keine exakten Werte benennen, da sich jede Mehlmischung anders verhält. Wir raten Ihnen deshalb: Beginnen Sie mit der kleinsten Menge und tasten Sie sich langsam vorwärts, bis der Teig die richtige Konsistenz erlangt hat. Diese ist jedoch bei glutenfreien Teigen nicht identisch mit der glutenhaltiger. Zudem unterscheiden sich die verschiedenen fertigen Mehlmischungen der Hersteller etwas in der Wasserbindungsfähigkeit. Hier können wir nur sagen: Übung macht den Meister und je mehr Sie ausprobieren, umso routinierter werden Sie darin, die »perfekte« Teigkonsistenz zu erkennen. Glutenfrei zu backen, benötigt etwas Übung und Zeit zum Ausprobieren. Seien Sie mutig, kreativ und experimentierfreudig. Ihr Mut wird belohnt: Mit feinen Gaumenfreuden, die Sie und Ihr Darm in vollen Zügen genießen können.

Ab in den Backofen!

› Die meisten Backöfen müssen heute zwar nicht mehr vorgeheizt werden. Bei der Zubereitung von glutenfreien Teigen bringt das Vorheizen aber ein schöneres Ergebnis.

› Bei vielen Rezepten haben wir eine Zeitspanne angegeben. Grundsätzlich sollten Sie immer erst einmal die niedrigere Zeit einstellen und dann gegebenenfalls verlängern, sofern das Gebäck noch nicht fertig ist.

› Wenn die Backzeit mehr als 40 Min. beträgt, können Sie den Backofen bereits 10 Min. vor Ende der Backzeit ausschalten und seine Nachwärme nutzen. Das spart Energie.

› Bei Kuchen können Sie wie bei herkömmlichen glutenhaltigen Gebäcksorten die Garprobe mit einem Holzstäbchen vornehmen. Wenn am Holzstäbchen Teig hängen bleibt, benötigt das Gebäck noch etwas Zeit.

Richtiges Aufbewahren von glutenfreien Gebäcken

› **Formkuchen** nach beendeter Backzeit aus dem Ofen nehmen und ca. 10 Min. stehen lassen, bevor Sie das Gebäck auf ein Kuchengitter stürzen und abkühlen lassen.

› **Blechkuchen** möglichst noch lauwarm vom Blech nehmen und auf einem Kuchengitter oder Backrost auskühlen lassen. Bleibt das Gebäck auf den Blechen liegen, schlägt sich die Feuchtigkeit nieder und beeinträchtigt die Konsistenz und den Geschmack. Der Kuchen weicht durch und wird matschig.

› Glutenfreies **Kleingebäck** sollte, sobald es die gewünschte Bräunung hat, sofort vom Blech genommen und auf einem Kuchengitter oder einem Backrost auskühlen.

› Glutenfreies **Brot** sollte nach dem Backen auf einem Rost oder einem Kuchengitter mit einem Tuch zugedeckt erst gut auskühlen, bis es Zimmertemperatur erreicht hat. Dann in einem gut verschlossenen Behälter lagern oder in Scheiben schneiden und einfrieren. So haben Sie jederzeit portionsweise frisches Brot zur Hand und müssen sich nicht über altbackene Brotreste ärgern. Glutenfreie Backwaren trocknen eben leider aufgrund ihres geringen Feuchtigkeitsrückhaltevermögens sehr schnell aus.

Die Rezepte – Feines Gebäck ohne Gluten

Auf den folgenden Seiten finden Sie unsere Rezeptideen. Viele erprobte Teig-Variationen sind in Rezeptköstlichkeiten umgewandelt worden und können nun Ihren Speiseplan bereichern.

Glutenfreie Gebäckköstlichkeiten begleiten Sie durchs ganze Jahr – von Osterbrot im Frühjahr über saftigen Obstkuchen im Sommer und Gebackenes für jeden Tag bis hin zu vielen Köstlichkeiten aus der Weihnachtsbäckerei. Kreative Ideen und praktische Tipps lassen auch das glutenfreie Backen bei Ihnen zu Hause gut gelingen.

Grundrezept
Biskuit

FÜR 1 SPRINGFORM VON 26 CM Ø (12 STÜCK)

4 Eier
Salz
100 g feiner Zucker
1 TL Backpulver
160 g Speisestärke
Außerdem: Fett für die Form

ZUBEREITUNG: ca. 15 Min.
BACKZEIT: ca. 30 Min.

1. Den Backofen auf 175° (Umluft 155°) vorheizen. Die Eier trennen. Die Eiweiße mit 1 Prise Salz mit den Quirlen des Handrührgerätes zu steifem Schnee schlagen. Den Zucker langsam einrieseln lassen und die Masse weiterschlagen, bis sie Spitzen zieht.
2. Eigelbe mit 4 EL kaltem Wasser separat mit den Quirlen des Handrührgerätes schaumig rühren. Dann das Backpulver und die Speisestärke auf die Eigelbmasse geben und unterrühren, bis eine cremige Masse entsteht. Den Eischnee vorsichtig unter die Eigelbmasse heben.
3. Den Boden der Form fetten oder mit Backpapier belegen, den Teig einfüllen und im vorgeheizten Backofen (Mitte) in ca. 30 Min. hellbraun backen. Den Biskuitboden aus der Form lösen, auf einem Kuchengitter auskühlen lassen und je nach Rezept weiterverarbeiten. Der Biskuit kann für eine Torte ein- bis zweimal geteilt werden.

TIPPS

Für eine Himbeer-Frischkäse-Torte (s. Umschlag) einen Biskuitboden wie im Rezept beschrieben backen. Für das Topping 200 ml Sahne steif schlagen. 1 Pck. Sofortgelatine, 400 g Frischkäse, 120 g Zucker sowie den Saft und die abgeriebene Schale einer Bio-Zitrone dazugeben und cremig rühren, bis die Masse anfängt fest zu werden. Dann 300 g frische Himbeeren vorsichtig unterheben. Creme auf dem Biskuit verteilen, im Kühlschrank fest werden lassen. Vor dem Servieren weitere 200 g frische Beeren auf der Creme verteilen.

Je nach Form- bzw. Backblechgröße und Tortenhöhe, kann der Biskuit auch in der Menge angepasst werden. Folgende Grundzutatenrechnung ist hilfreich:
Pro Ei rechnet man je
- 1 EL kaltes Wasser,
- 25 g Zucker,
- 40 g Speisestärke,
- 1/4 TL Backpulver.
Wie im Rezept beschrieben zubereiten.

Nährwerte pro Stück:
115 kcal • **3 g** Eiweiß • **3 g** Fett • **20 g** Kohlenhydrate

Grundrezept

Brandteig – Windbeutel

FÜR ca. 8 Stück
30 g Butter
Salz
90 g Speisestärke
4 Eier
1/3 TL Backpulver

ZUBEREITUNG: ca. 20 Min.
BACKZEIT: ca. 12 Min.

1. Backofen auf 180° (Umluft 160°) vorheizen. In einem hohen Topf 125 ml Wasser und die Butter mit 1 Prise Salz zum Kochen bringen. Dann die Speisestärke auf einmal hineingeben und mit den Quirlen des Handrührgerätes so lange auf mittlerer Stufe rühren, bis sich ein Kloß bildet, der sich vom Topfboden löst, und ein weißlicher Belag am Topfboden sichtbar wird.
2. Die Herdplatte ausschalten und nun jedes Ei einzeln mit den Quirlen des Handrührgerätes unter den Teig rühren. Dann das Backpulver unterrühren.
3. Teig in einen Spritzbeutel mit großer Sterntülle füllen und mit genügend Abstand acht Teighäufchen von ca. 5 cm Ø auf ein mit Backpapier belegtes Blech spritzen. Windbeutel im vorgeheizten Backofen (Mitte) 10–12 Min. backen. Achtung: Den Backofen währenddessen nicht öffnen!
4. Die Windbeutel sofort nach dem Backen aus dem Backofen nehmen und mit einer Schere von jedem Windbeutel einen Deckel abschneiden. Gut auskühlen lassen, erst dann füllen.

FEINE FÜLLUNGEN

Für eine Erdbeer-Sahne 200 ml Sahne mit 1 Päckchen Vanillezucker und 2 EL Zucker steif schlagen. 300 g Erdbeeren waschen, putzen und in mundgerechte Stücke schneiden. Erdbeerstücke mit 2 EL gehackten Pistazien unter die Sahne heben und die Windbeutel mit der Creme füllen. Frisch servieren.

Für eine pikante Bärlauch-Frischkäse-Füllung 2 EL gehackten Bärlauch mit 100 g Schmant und 200 g Kräuterfrischkäse glatt rühren. Die Creme mit Salz, Pfeffer und edelsüßem Paprikapulver würzen und mit einem Spritzbeutel mit kleiner Sterntülle als Häufchen auf die unteren Hälften der Windbeutel spritzen. Die Teigdeckel auflegen und die Windbeutel vor dem Servieren ca. 30 Min. durchziehen lassen.

Nährwerte pro Stück:

110 kcal • **4 g** Eiweiß • **6 g** Fett • **10 g** Kohlenhydrate

Grundrezept Strudelteig

FÜR 1 STRUDEL

200 g glutenfreies Mehl, hell
Salz
4–5 EL Sonnenblumenöl
2 EL Obstessig
Außerdem: glutenfreies Mehl für die Arbeitsfläche; Fett für das Blech

ZUBEREITUNG: ca. 40 Min.
RUHEZEIT: ca. 40 Min.

1. Mehl, 1/2 TL Salz und Öl mit 100–120 ml lauwarmem Wasser und Essig zuerst mit den Knethaken des Handrührgerätes, dann mit den Händen zu einem glatten Teig verarbeiten. Diesen 10–15 Min. gut durchkneten, bis er elastisch ist.

2. Den Teig zu einer Kugel formen und unter einer mit heißem Wasser ausgespülten Schüssel 30–40 Min. ruhen lassen.

3. Ein sauberes Geschirrtuch dünn mit glutenfreiem Mehl bestäuben und den Teig darauf ca. 1/2 cm dick ausrollen. Die Hände mit den Handrücken nach oben unter die Teigplatte schieben und diese von der Mitte aus gleichmäßig auseinanderziehen. Die Ränder vorsichtig mit den Händen ausziehen, bis der Teig durchscheinend ist.

4. Strudel wie gewünscht süß oder pikant füllen, Seitenränder einschlagen, die Teigplatte mithilfe des Tuchs aufrollen. Den Strudel auf ein gefettetes Backblech setzen, wie in glutenhaltigen Rezepten backen.

Nährwerte gesamt:
1145 kcal • **4 g** Eiweiß • **52 g** Fett • **166 g** Kohlenhydrate

Grundrezept süßer Hefeteig

FÜR 1 PORTION SÜSSEN TEIG

500 g glutenfreies Mehl, hell
70 g weiche Butter
70 g Zucker
1 Päckchen Vanillezucker
Salz
2 Würfel zimmerwarme frische Hefe (à 42 g)
1 zimmerwarmes Ei (Größe M)
225 ml zimmerwarme Milch, 3,5 % Fett
abgeriebene Schale von 1 Bio-Zitrone

ZUBEREITUNG: ca. 15 Min.
RUHEZEIT: ca. 1 Std.

1. Das Mehl in eine Schüssel sieben. Butter, Zucker, Vanillezucker, 1/2 TL Salz, zerbröckelte Hefe, das Ei, die Milch und die Zitronenschale dazugeben und mit den Knethaken des Handrührgerätes zu einem glatten Teig verarbeiten.
2. Den Teig mit den Händen ca. weitere 5 Min. kneten, dann bei Zimmertemperatur ca. 30 Min. zugedeckt gehen lassen.
3. Anschließend den Hefeteig nochmals mit den Händen gut durchkneten, mit Frischhaltefolie abdecken und ca. 30 Min. im Kühlschrank kalt stellen. Dann wie gewünscht weiterverarbeiten (s. z. B. Rosinenstuten, S. 98).

INFO

Ein süßer Hefeteig zaubert feinen Hefezopf, Hefekleingebäck und Stuten bzw. geformte Brote. Und er macht sich gut als Unterlage für unterschiedliche Beläge leckerer Blechkuchen – vom Obstdatschi über Streuselkuchen bis zur Eierschecke. Die im Rezept angegebene Teigmenge reicht für 1 Zopf, 1 Stuten (Kastenform von 28 cm Länge) oder für 1 Blechkuchenboden.

Nährwerte gesamt:
2885 kcal • **39 g** Eiweiß • **79 g** Fett • **496 g** Kohlenhydrate

Grundrezept pikanter Hefeteig

FÜR 1 PORTION PIKANTEN TEIG

500 g glutenfreies Mehl, hell
70 g weiche Butter
Salz
2 Würfel zimmerwarme frische Hefe (à 42 g)
1 zimmerwarmes Ei (Größe M)
225 ml zimmerwarme Buttermilch (ersatzweise Wasser)
1 TL getrockneter Rosmarin, Thymian oder Majoran

ZUBEREITUNG: ca. 15 Min.
RUHEZEIT: ca. 1 Std.

1. Mehl in eine Schüssel sieben. Butter, 1/2 TL Salz, zerbröckelte Hefe, Ei, Buttermilch und die Kräuter zugeben. Mit den Knethaken des Handrührgerätes zu einem glatten Teig verarbeiten.
2. Den Teig mit den Händen ca. weitere 5 Min. kneten, dann bei Zimmertemperatur ca. 30 Min. zugedeckt gehen lassen.
3. Teig erneut gut durchkneten, mit Frischhaltefolie abdecken, ca. 30 Min. kalt stellen. Wie gewünscht verarbeiten und backen (s. z. B. Brötchenkranz, S. 36).

INFO

Je länger der Teig mit den Händen, also bei Körpertemperatur, geknetet wird, desto besser geht er auf. Pikanter Hefeteig eignet sich für Brot und Brötchen sowie für Pizza oder Quiche. Die im Rezept angegebene Teigmenge reicht für 1 Fladenbrot, 2 runde Pizzen oder 2 Quiches (Springform von 26 cm Ø) oder für 1 Zwiebelkuchenboden (Blech).

Nährwerte gesamt:
2500 kcal • **40 g** Eiweiß • **72 g** Fett • **425 g** Kohlenhydrate

Grundrezept süßer Quark-Öl-Teig

FÜR 1 PORTION SÜSSEN TEIG

300 g Magerquark
100 ml Milch, 1,5 % Fett
1 Ei (Größe M)
2 EL flüssiger Honig
Salz
4 EL Sonnenblumenöl
250–270 g glutenfreies Mehl, hell
1 Päckchen Backpulver

ZUBEREITUNG: ca. 10 Min.

1. Quark, Milch und Ei in eine Schüssel geben und mit den Quirlen des Handrührgerätes verrühren. Honig, 1/2 TL Salz und das Sonnenblumenöl dazugeben und unterrühren.

2. Das Mehl mit dem Backpulver mischen und mit einem Rührlöffel unter die Quark-Öl-Masse rühren, sodass ein weicher, gut formbarer Teig entsteht. Den Teig sofort wie gewünscht weiterverarbeiten (s. z. B. Quarkbrötchen, S. 38).

VARIANTE

Für einen pikanten Quark-Öl-Teig einfach den Honig weglassen und alle anderen Zutaten wie oben beschrieben verarbeiten.

INFO

Quark-Öl-Teig ist der pflegeleichte Bruder des Hefeteigs. Er ist im Prinzip genauso wie ein Hefeteig zu verwenden und eignet sich somit für Brot, Brötchen, Kleingebäck sowie sämtliche Blechkuchen – egal ob süß oder herzhaft.

Die im Rezept angegebene Teigmenge reicht für 1 Blechkuchen- oder Pizzaboden (Blech) oder 1 Brot (Kastenform von 28 cm Länge).

Nährwerte gesamt:

1880 kcal • **57 g** Eiweiß • **52 g** Fett • **297 g** Kohlenhydrate

Grundrezept süßer Mürbeteig

FÜR 1 PORTION SÜSSEN TEIG
200 g glutenfreies Mehl, hell
80 g Zucker
1 Päckchen Vanillezucker
Salz
1 Ei (Größe M)
120 g kalte Butter

ZUBEREITUNG: ca. 20 Min.
RUHEZEIT: ca. 30 Min.

1. Das Mehl in eine Schüssel sieben. Zucker, Vanillezucker und 1 Prise Salz mischen, zum Mehl geben und untermischen.

2. Die Mehlmischung auf die Arbeitsfläche geben und mit einem Löffel eine Mulde in die Mitte drücken. Ei in die Mulde geben. Die Butter in Flöckchen schneiden und gleichmäßig am Mehlrand verteilen.

3. Alle Zutaten mit zwei Teigkarten von außen nach innen durchhacken, dann kurz (der Teig darf nicht zu warm werden) mit den Händen zu einem glatten Teig verkneten. Den Teig in Frischhaltefolie wickeln und ca. 30 Min. kalt stellen. Dann wie gewünscht weiterverarbeiten und backen (siehe z. B. Nugat-Taler auf Seite 86).

INFO

Süßer Mürbeteig eignet sich für Kekse und als Boden für Obst-, Käse- und Streuselkuchen. Die im Rezept angegebene Teigmenge reicht für 1 Kuchenboden mit Rand (Springform von 26 cm Ø) oder 1 Blech Plätzchen (30–35 Stück). Den Teig auf einer glutenfrei bemehlten Fläche ausrollen, damit er nicht festklebt. Ein Kuchen mit Mürbeteigboden löst sich leichter aus der Form, wenn Sie diese gut fetten und mit glutenfreien Semmelbröseln ausstreuen.

Nährwerte gesamt:
2050 kcal • **12 g** Eiweiß • **108 g** Fett • **257 g** Kohlenhydrate

Grundrezept pikanter Mürbeteig

FÜR 1 PORTION PIKANTEN TEIG
200 g glutenfreies Mehl, hell
Salz
1 Ei (Größe M)
120 g kalte Butter

ZUBEREITUNG: ca. 20 Min.
RUHEZEIT: ca. 30 Min.

1. Das Mehl in eine Schüssel sieben. 1/2 TL Salz zum Mehl geben und untermischen.

2. Die Mehlmischung auf die Arbeitsfläche geben und mit einem Löffel eine Mulde in die Mitte drücken. Ei in die Mulde geben. Die Butter in Flöckchen schneiden und gleichmäßig am Mehlrand verteilen.

3. Alle Zutaten mit zwei Teigkarten von außen nach innen durchhacken, dann kurz (der Teig darf nicht zu warm werden) mit den Händen zu einem glatten Teig verkneten. Den Teig in Frischhaltefolie wickeln und ca. 30 Min. kalt stellen. Wie gewünscht weiterverarbeiten (s. z. B. Lothringer Lauchtorte, S. 80).

INFO

Wenig Zeit? Dann alle Zutaten mit weicher Butter in einer Rührschüssel mit den Knethaken des Handrührgerätes zu einem glatten Teig verkneten. Die im Rezept angegebene Teigmenge reicht für 1 runden Quiche- oder Tarteboden mit Rand (Spring- oder Tarteform von 26 cm Ø) oder 1 Blech Käseplätzchen (30–35 Stück).

Nährwerte gesamt:
1690 kcal • **12 g** Eiweiß • **108 g** Fett • **167 g** Kohlenhydrate

Brötchenkranz

FÜR 1 KRANZ MIT 10 BRÖTCHEN

500 g glutenfreies Mehl, hell
70 g weiche Butter
50 g Zucker
Salz
2 Würfel frische Hefe (à 42 g)
1 Ei (Größe M)
50 g Sonnenblumenkerne
2–3 EL Kondensmilch (nach Belieben)
je 1 EL Sonnenblumen-, Kürbiskerne, Lein- und Sesamsamen

ZUBEREITUNG: ca. 25 Min.
RUHEZEIT: ca. 40 Min.
BACKZEIT: ca. 25 Min.

1. Aus Mehl, Butter, Zucker, 1 TL Salz, zerbröckelter Hefe, Ei und 225 ml lauwarmem Wasser einen Hefeteig herstellen (s. S. 33) und mindestens 5 Min. mit den Händen kneten.
2. Teig bei Zimmertemperatur ca. 30 Min. mit Frischhaltefolie oder einem Teller zugedeckt gehen lassen. So bleibt die Teigoberfläche elastisch und trocknet nicht aus.
3. Teig nochmals gut mit den Händen oder den Knethaken des Handrührgerätes durchkneten. Die Sonnenblumenkerne auf ein mit Backpapier belegtes Blech streuen. Aus dem Teig eine Rolle von ca. 6 cm Ø formen, in zehn gleich große Stücke schneiden. Daraus mit feuchten Händen Brötchen formen und diese als Kranz auf die Sonnenblumenkerne setzen, sodass sie sich leicht berühren.
4. Brötchenkranz mit Wasser oder nach Belieben mit Kondensmilch bestreichen. Die Brötchen mit den verschiedenen Kernen und Samen bestreuen und dann ca. 10 Min. kalt stellen.
5. Den Backofen auf 200° (Umluft 180°) vorheizen. Brötchenkranz im vorgeheizten Backofen (Mitte) 20–25 Min. backen.

Nährwerte pro Brötchen:
315 kcal • **5 g** Eiweiß • **12 g** Fett • **48 g** Kohlenhydrate

Baguette-Brötchen

FÜR 10 STÜCK

480 g glutenfreies Mehl, hell
Salz
1 Würfel frische Hefe (à 42 g)
1 EL Zucker
2 EL Olivenöl

ZUBEREITUNG: ca. 20 Min.
RUHEZEIT: ca. 30 Min.
BACKZEIT: ca. 20 Min.

1. Das Mehl in eine Schüssel sieben und 1 1/2 TL Salz untermischen.
2. Die zerbröckelte Hefe und den Zucker in 330–350 ml lauwarmem Wasser auflösen, zum Mehl geben und alles mit den Knethaken des Handrührgerätes zu einem weichen Teig verarbeiten, dabei das Öl hinzufügen. Dann den Teig ca. 30 Min. bei Zimmertemperatur zugedeckt gehen lassen. Backofen auf 250° (Umluft 230°) vorheizen.
3. Den Teig in zehn Portionen teilen. Aus jeder Portion ein Baguette-Brötchen formen und mit einem nassen Messer an der Oberfläche mehrmals diagonal einschneiden. Ofentemperatur auf 200° reduzieren, Brötchen auf einem mit Backpapier belegten Backblech im Ofen (Mitte) 18–20 Min. backen.

TIPP

Um für das Frühstück frische Baguette-Brötchen zu haben, kann der Teig schon abends vorbereitet und über Nacht zugedeckt in den Kühlschrank gestellt werden.

Nährwerte pro Stück:
195 kcal • **2 g** Eiweiß • **3 g** Fett • **41 g** Kohlenhydrate

Laugenbrötchen oder Laugenstangen

FÜR 15 STÜCK
500 g glutenfreies Mehl, hell
70 g weiche Butter
50 g Zucker
Salz
2 Würfel frische Hefe (à 42 g)
1 Ei (Größe M)
3 EL Bäckerlauge 1 : 8 (Apotheke)
2 EL grobes Salz

ZUBEREITUNG: ca. 35 Min.
RUHEZEIT: ca. 30 Min.
BACKZEIT: ca. 20 Min.

1. Aus Mehl, Butter, Zucker, 1 TL Salz, zerbröckelter Hefe, Ei und 225 ml Wasser einen Hefeteig herstellen (s. S. 33). Den Teig ca. 30 Min. bei Zimmertemperatur zugedeckt gehen lassen. Dann den Teig nochmals gut mit den Händen durchkneten.

2. Den Backofen auf 200° (Umluft 180°) vorheizen. In einer Schüssel (Vorsicht, keine Plastikschüssel!) die Bäckerlauge mit 250 ml Wasser verdünnen.

3. Teig in 15 Portionen teilen, daraus Brötchen oder Stangen formen. Diese mit einem Schaumlöffel oder mit den Händen (Einmalhandschuhe anziehen!) in die Lauge tauchen und auf ein mit Backpapier belegtes Backblech legen. Grobes Salz darüberstreuen.

4. Brötchen mit einem nassen Messer weit über Kreuz, Stangen mehrmals diagonal einschneiden, dann das Laugengebäck im vorgeheizten Backofen (Mitte) 15–20 Min. backen.

TIPP

Wichtig ist das komplette Eintauchen des Teiges in die Lauge. Daher sollten Sie diese in einer ausreichend großen Schüssel zubereiten, damit Sie die Teigstücke komplett einmal rundherum darin wenden können.

Nährwerte pro Stück:
175 kcal • **2 g** Eiweiß • **5 g** Fett • **31 g** Kohlenhydrate

Quarkbrötchen

FÜR 12 STÜCK
250–300 g Magerquark
2 EL Sonnenblumenöl
Salz
1–2 TL Zucker
2–3 Eier (Größe M)
480–500 g glutenfreies Mehl, hell
1 Päckchen Backpulver

ZUBEREITUNG: ca. 20 Min.
BACKZEIT: ca. 25 Min.

1. Backofen auf 190° (Umluft 175°) vorheizen. Quark, Öl, 1/2 TL Salz und Zucker mit den Eiern verrühren. Das Mehl mit Backpulver mischen und mit den Knethaken des Handrührgerätes unter die Masse kneten, bis ein zäher Teig entstanden ist.

2. Den Teig in zwölf Portionen teilen und mit nassen Händen Brötchen formen. Diese auf ein mit Backpapier belegtes Backblech setzen. Quarkbrötchen im vorgeheizten Ofen (Mitte) in 20–25 Min. goldgelb backen.

TIPPS

Die Brötchen können vor dem Backen mit Wasser besprüht oder bestrichen und mit Pinienkernen bestreut werden.

Aus den Quarkbrötchen werden Rosinenbrötchen, wenn Sie zusätzlich 100 g Rosinen unter den Teig kneten und die Brötchen vor dem Backen mit 2 EL Mandelsplittern oder -blättchen bestreuen.

Nährwerte pro Stück:
210 kcal • **6 g** Eiweiß • **4 g** Fett • **38 g** Kohlenhydrate

Vollkornbrot

FÜR 1 KASTENFORM VON 28 CM LÄNGE (18 SCHEIBEN)

230–250 g Buchweizen-Vollkornmehl (Werz)
100 g Hirse-Vollkornmehl (Werz)
100 g Mais-Vollkornmehl (Werz)
1 Würfel frische Hefe (42 g)
200 g Joghurt, 3,5 % Fett
5 g glutenfreies Mais-Spezial-Backferment (Sekowa)
Außerdem: Fett und glutenfreie Semmelbrösel für die Form

ZUBEREITUNG: ca. 45 Min.
RUHEZEIT: ca. 45 Min.
BACKZEIT: ca. 1 Std.

1. Buchweizen-, Hirse- und Mais-Vollkornmehl miteinander mischen.

2. 200–250 ml Wasser aufkochen, mit der Hälfte der Mehlmischung mit den Knethaken des Handrührgerätes zu einem glatten Teig verkneten und abkühlen lassen. Zerbröckelte Hefe mit den restlichen Zutaten inklusive restlichem Mehl zugeben und unterkneten.

3. Die Form fetten und mit Semmelbröseln ausstreuen. Den Teig hineingeben und ca. 45 Min. bei Zimmertemperatur zugedeckt gehen lassen.

4. Den Backofen auf 180° (Umluft 160°) vorheizen. Das Brot im vorgeheizten Backofen (2. Schiene von unten) ca. 1 Std. backen. Dazu eine feuerfeste mit Wasser gefüllte Tasse mit in den Backofen stellen.

TIPP

Glutenfreie Getreide niemals in der Getreidemühle von Reformhäusern mahlen, da in diesen auch glutenhaltige Getreidesorten gemahlen werden!

Nährwerte pro Scheibe:
100 kcal • **3 g** Eiweiß • **2 g** Fett • **19 g** Kohlenhydrate

Zwiebel-Speck-Brot

FÜR 1 KASTENFORM VON 28 CM LÄNGE (18 SCHEIBEN)

500 g Mehl-Mix B (Dr. Schär)
Salz
1 Würfel frische Hefe (42 g)
2 EL Olivenöl
1–2 Zwiebeln
100 g gewürfelter Speck
Außerdem: Fett und glutenfreie Semmelbrösel für die Form

ZUBEREITUNG: ca. 40 Min.
RUHEZEIT: ca. 75 Min.
BACKZEIT: ca. 50 Min.

1. Das Mehl, 1 TL Salz und zerbröckelte Hefe in eine Schüssel geben und mit den Knethaken des Handrührgerätes verkneten, dabei das Öl und 250–300 ml lauwarmes Wasser dazulaufen lassen. Dann den Teig ca. 30 Min. bei Zimmertemperatur zugedeckt gehen lassen.

2. Inzwischen die Zwiebeln schälen, fein würfeln und mit den Speckwürfeln in einer Pfanne ohne Fett bei mittlerer Hitze 3–4 Min. anbraten. Abkühlen lassen und unter den Teig kneten. Evtl. muss noch etwas Wasser oder Mehl zugegeben werden.

3. Die Form fetten und mit Semmelbröseln ausstreuen. Den Teig hineingeben und ca. 45 Min. bei Zimmertemperatur zugedeckt gehen lassen.

4. Backofen auf 190° (Umluft 175°) vorheizen. Das Brot im vorgeheizten Backofen (2. Schiene von unten) 45–50 Min. backen. Eine feuerfeste Tasse mit Wasser mit in den Backofen stellen.

TIPP

Das Brot glänzt besonders schön, wenn es kurz vor Ende der Backzeit mit etwas Sahne bestrichen wird.

Nährwerte pro Scheibe:
155 kcal • **1 g** Eiweiß • **5 g** Fett • **25 g** Kohlenhydrate

Bread Knife
Sheffield England

Saftiger Kirschknacker

FÜR 1 KASTENFORM VON 28 CM LÄNGE (12 STÜCK)

200 g Margarine
4 Eier (Größe M)
500 g Kuchen-Fix (Hammermühle)
1/2 Päckchen Backpulver
80 ml Milch, 3,5 % Fett
3 Tropfen Zitronenaroma
1 Glas Sauerkirschen (360 g Abtropfgewicht)
1 EL gemahlene Mandeln
150 g gehackte Mandeln
1–2 EL Puderzucker
Außerdem: Fett und glutenfreie Semmelbrösel für die Form

ZUBEREITUNG: ca. 15 Min.
BACKZEIT: ca. 55 Min.

1. Den Backofen auf 175° (Umluft 155°) vorheizen. Margarine und Eier in einem hohen Rührgefäß mit den Quirlen des Handrührgerätes cremig rühren.

2. Kuchen-Fix und Backpulver mischen und mit der Milch und dem Zitronenaroma unter den Teig rühren. Der Teig muss eine cremige Konsistenz haben.

3. Die Sauerkirschen in einem Sieb abtropfen lassen, mit den gemahlenen Mandeln bestreuen. Die Sauerkirschen auf den Teig geben. Die gehackten Mandeln dazugeben und beide Zutaten unter den Teig rühren.

4. Die Form fetten und mit Semmelbröseln ausstreuen. Den Teig hineingeben, verstreichen und im vorgeheizten Backofen (Mitte) 45–55 Min. backen. Kuchen ca. 10 Min. abkühlen lassen. Aus der Form stürzen und auf einem Kuchengitter auskühlen lassen. Mit Puderzucker bestäuben.

TIPP

Als Pausenbrot kann dieser Teig in ca. 45 Min. auch in einem 12er-Muffinblech gebacken werden.

Nährwerte pro Stück:
425 kcal • **7 g** Eiweiß • **24 g** Fett • **46 g** Kohlenhydrate

Möhrenpause

FÜR 1 KRANZFORM VON 26 CM Ø (12 STÜCK)

Für den Teig

400 g Möhren
4 Eier (Größe L)
5 EL Ahornsirup
1/2 EL Backpulver
400 g gehackte Mandeln
1 EL Zimtpulver

Für die Creme

50 g weiche Butter
100 g Frischkäse
1 1/2 EL Ahornsirup
Außerdem: Fett und glutenfreie Semmelbrösel für die Form

ZUBEREITUNG: ca. 25 Min.
BACKZEIT: ca. 50 Min.

1. Den Backofen auf 180° (Umluft 160°) vorheizen. Die Möhren schälen und fein raspeln.

2. Eier trennen. Eiweiße mit den Quirlen des Handrührgerätes zu steifem Schnee schlagen, bis die Masse Spitzen zieht.

3. Eigelbe und Ahornsirup mit den Quirlen des Handrührgerätes schaumig rühren. Möhrenraspel, das Backpulver, die Mandeln und Zimt zur Eigelbmasse geben und unterrühren. Den Eischnee auf die Möhren-Mandel-Masse geben und nur kurz und vorsichtig unterheben.

4. Die Form fetten und mit Semmelbröseln ausstreuen. Den Teig hineingeben und den Kuchen im vorgeheizten Backofen (Mitte) in 40–50 Min. goldbraun backen.

5. Für die Creme Butter, Frischkäse und Sirup cremig rühren und gleichmäßig auf dem ausgekühlten Kuchen verstreichen.

ERNÄHRUNGSPLUS

Anstelle von Ahornsirup können Sie auch die gleiche Menge Sukrin® oder Streusüße® verwenden. So eignet sich die Möhrenpause auch als fruchtzuckerarme leckere Pausenmahlzeit.

Nährwerte pro Stück:
295 kcal • **10 g** Eiweiß • **25 g** Fett • **7 g** Kohlenhydrate

Pizza-Wraps

FÜR 2 PERSONEN

100 g glutenfreies Mehl, hell
2 Eier (Größe M)
3 EL neutrales Rapsöl (ersatzweise flüssige Butter)
250 ml Milch, 3,5 % Fett
12 Champignons
4 Scheiben gekochter Schinken
8 EL frisch geriebener Gouda

ZUBEREITUNG: ca. 30 Min.
RUHEZEIT: ca. 10 Min.

1. In einer Schüssel das Mehl mit den Eiern, 2 EL Rapsöl und der Milch verrühren, ca. 10 Min. quellen lassen. Inzwischen die Champignons putzen, in Scheiben schneiden. Anschließend den Schinken würfeln.

2. In einer beschichteten Pfanne 1/2 TL Öl erhitzen und ein Viertel des Teigs hineingeben. Den Teig durch Schwenken gleichmäßig am Pfannenboden verteilen. Ein Viertel der Champignonscheiben und der Schinkenwürfel sowie 2 EL Gouda daraufstreuen. Den Deckel auflegen und den Teig bei mittlerer Hitze in 7–9 Min. stocken lassen.

3. Aus der Pfanne nehmen und aufrollen. Aus restlichem Öl, Teig, Schinken, Käse und restlichen Pilzen drei weitere Wraps braten und warm oder kalt servieren.

VARIANTE

Für **Avocado-Orangen-Wraps** das Fruchtfleisch 1/2 Avocado in schmale Spalten schneiden, mit 1 TL Zitronensaft beträufeln. Avocado mit den Filets 1/2 Orange, 60 g gewürfeltem Mozzarella und 1–2 in feine Streifen geschnittenen Chinakohlblättern mischen. Mit Salz, Pfeffer und Currypulver würzen. Die Wraps damit füllen und aufrollen.

Nährwerte pro Portion:
705 kcal • **42 g** Eiweiß • **38 g** Fett • **42 g** Kohlenhydrate

Pikante Waffeln

FÜR ca. 14 STÜCK

50 g flüssige Butter
2–3 Eier (Größe M)
350–400 ml Milch, 3,5 % Fett
300 g Mehl (Schär)
1 Päckchen Backpulver
Salz, Pfeffer
150 g roher geräucherter Schinken
2 EL Schnittlauchröllchen
Außerdem: 1–2 EL Öl für das Waffeleisen

ZUBEREITUNG: ca. 1 Std.

1. Butter, Eier und Milch mit einem Schneebesen verrühren. Das Mehl mit Backpulver und 1 TL Salz mischen, dazugeben, unterrühren. Den Teig pfeffern.

2. Den Schinken würfeln und mit dem Schnittlauch unter den Teig rühren.

3. Das Waffeleisen vorheizen, beide Flächen mit Öl bepinseln und aus dem Teig portionsweise darin nacheinander 14 goldgelbe Waffeln backen. Dazu schmeckt Kräuterquark.

TIPPS

Luftiger werden die Waffeln, wenn die Eier getrennt werden. Dann die Eiweiße mit 1 Prise Salz zu steifem Schnee schlagen. Den Eischnee ganz zum Schluss unter den Teig heben.

Auch die Verwendung von Mineralwasser mit Kohlensäure macht die Waffeln luftiger. Dazu einfach die Hälfte der Milch durch Mineralwasser ersetzen.

Nährwerte pro Stück:
175 kcal • **5 g** Eiweiß • **7 g** Fett • **20 g** Kohlenhydrate

Gefüllte Reispapier-Röllchen

FÜR 8 STÜCK
8 Reispapierblätter (Asienladen)
2 Möhren
1 Stange Lauch
1 Stück frischer Ingwer (2–3 cm)
1 TL + 250 ml Sonnenblumenöl
150 g vorgegarte Garnelen
Saft von 1 Limette
2 EL Korianderblättchen
2 EL Schnittlauchröllchen
Salz, Pfeffer
2 TL Sesamöl

ZUBEREITUNG: ca. 45 Min.

1. Die Reispapierblätter in einer großen Schüssel nach Packungsangabe in Wasser einweichen. Die Möhren schälen und in feine Stifte schneiden. Lauch putzen, längs halbieren, waschen und quer in feine Streifen schneiden. Den Ingwer schälen und fein würfeln. 1 TL Öl in einer Pfanne erhitzen und Möhren und Lauch darin ca. 3 Min. bei mittlerer Hitze andünsten.

2. Garnelen, Limettensaft und Ingwer zugeben und alles mit Korianderblättchen, Schnittlauch, Salz und Pfeffer würzen. Ein Achtel der Gemüse-Garnelen-Mischung in die Mitte jedes Reisblatts setzen und mit Sesamöl beträufeln. Die Seiten der Reisblätter über die Füllung schlagen und die Blätter von unten nach oben aufrollen.

3. 250 ml Öl in einem kleinen Topf erhitzen und die Röllchen darin bei starker Hitze portionsweise je ca. 5 Min. goldbraun ausbacken.

TIPP

Für eine fettarme Variante können die Reispapier-Röllchen auch 10–15 Min. im vorgeheizten Backofen bei 180° (Oberhitze, oben) gebacken werden.

Nährwerte pro Stück:
95 kcal • **4 g** Eiweiß • **5 g** Fett • **8 g** Kohlenhydrate

Pfannkuchenröllchen

FÜR 4 STÜCK

Für den Teig
4 Eier (Größe M)
250 ml Milch, 3,5 % Fett
160 g glutenfreies Mehl, hell
1/2 TL Salz
1 EL Zucker
1 TL Backpulver

Für die Füllung
1 Avocado
Saft von 1 Limette
Salz, Pfeffer
4 Scheiben gekochter Schinken
4 Scheiben Grünländer-Käse
Außerdem: 2–3 EL Öl zum Braten

ZUBEREITUNG: ca. 20 Min.

1. Alle Teigzutaten zu einem glatten Teig verrühren.

2. In einer Pfanne 1 TL Öl erhitzen, ein Viertel des Pfannkuchenteigs hineingeben und durch Schwenken gleichmäßig am Pfannenboden verteilen. Den Pfannkuchen bei mittlerer Hitze pro Seite ca. 3 Min. ausbacken. Aus der Pfanne nehmen und aus dem restlichen Teig genauso drei weitere Pfannkuchen backen.

3. Für die Füllung die Avocado halbieren, den Kern herauslösen und das Fruchtfleisch mit einem Löffel aus der Schale heben. Die Hälfte des Fruchtfleischs mit dem Limettensaft pürieren. Restliche Avocado fein würfeln und unterheben. Die Creme mit Salz und Pfeffer abschmecken.

4. Die Pfannkuchen mit der Avocadocreme bestreichen. Mit je 1 Scheibe Schinken und Käse belegen, aufrollen und auf vier Teller verteilen. Zum Servieren die Röllchen quer in ca. 3 cm breite Streifen schneiden.

Nährwerte pro Stück:
645 kcal • **29 g** Eiweiß • **40 g** Fett • **41 g** Kohlenhydrate

Quinoa-Vollkornbrot für Backautomaten

FÜR 1 CA. 750 G SCHWERES BROT (15–25 SCHEIBEN)

250 g Quinoa-Vollkornmehl (Werz)
250 g Hirse-Vollkornmehl (Werz)
3–5 g Johannisbrotkernmehl
2 EL Sesamsamen
2 EL Leinsamen
1/2 EL Salz
1 EL Brotgewürz
80 g Sonnenblumenkerne
2 EL glutenfreier Trockensauerteig (Hammermühle)
1 zerbröckelter Würfel frische Hefe (42 g)

ZUBEREITUNG: ca. 5 Min.

1. 500 ml lauwarmes Wasser in den Backeinsatz des Brotbackautomaten geben. Die restlichen Zutaten in der angegebenen Reihenfolge einfüllen und das Programm »Normal« oder »Glutenfrei« des Backautomaten starten.

2. Beim ersten Knetvorgang die Reste der Teigbestandteile vom Rand des Backeinsatzes lösen und bei Bedarf vorsichtig noch bis zu 50 ml Wasser dazugießen.

TIPPS

Die Zutaten sollten immer Zimmertemperatur haben.
Die flüssigen Zutaten stets vor den festen Zutaten in den Backeinsatz einfüllen.

Nährwerte bei 25 Scheiben pro Scheibe:

100 kcal • **4 g** Eiweiß • **3 g** Fett • **14 g** Kohlenhydrate

Hirsebrot für Backautomaten

FÜR 1 CA. 750 G SCHWERES BROT (15–25 SCHEIBEN)

50 ml Olivenöl
400 g Hirsemehl
2 geschälte, geraspelte Möhren
8 EL Chufas-Nüssli (Erdmandelflocken)
2 EL Pinienkerne
5 g Guarkernmehl
1 TL glutenfreies Mais-Spezial-Backferment (Sekowa)
1 TL Salz
1 Msp. gemahlener Koriander
1 Msp. gemahlene Fenchelsamen
1 zerbröckelter Würfel frische Hefe (42g)

ZUBEREITUNG: ca. 5 Min.

1. 350 ml Wasser und das Öl in den Backeinsatz des Brotbackautomaten geben. Die restlichen Zutaten in der angegebenen Reihenfolge einfüllen und das Programm »Normal« oder »Glutenfrei« des Backautomaten starten.

2. Beim ersten Knetvorgang die Reste der Teigbestandteile vom Rand des Backeinsatzes lösen und bei Bedarf vorsichtig noch bis zu 50 ml Wasser dazugießen.

ERNÄHRUNGSPLUS

Chufas-Nüssli werden aus Erdmandeln hergestellt. Sie können Nüsse in glutenfreien Teigen im Verhältnis 1 : 1 ersetzen. Die Erdmandel ist ein glutenfreies Ersatzprodukt, das zum größten Teil aus wasserunlöslichen Ballaststoffen besteht. Beachten Sie bitte die aktuelle DZG-Liste, da es einige Erdmandel-Angebote gibt, die nicht glutenfrei sind, weil der Herstellerbetrieb auch glutenhaltige Waren verarbeitet.

Nährwerte bei 25 Scheiben pro Scheibe:

95 kcal • **2 g** Eiweiß • **4 g** Fett • **13 g** Kohlenhydrate

Olivenöl-Ciabatta für Backautomaten

FÜR 1 CA. 750 G SCHWERES BROT (15–25 SCHEIBEN)

20 ml Olivenöl (extra fruchtig)
40 g Leinsamenschrot
500 g Back-Mix Weißbrot (Hammermühle)
1 Päckchen Trockenhefe
1 1/2 EL weiche Butter oder 1 Ei

ZUBEREITUNG: ca. 5 Min.

1. 400 ml lauwarmes Wasser und Olivenöl in den Backeinsatz des Brotbackautomaten geben. Leinsamenschrot, Back-Mix und Trockenhefe in der angegebenen Reihenfolge einfüllen und mit einem langen Stiellöffel etwas vermengen.

2. Das Programm »Normal« oder »Glutenfrei« des Backautomaten starten. Beim ersten Knetvorgang die Reste der Teigbestandteile vom Rand des Backeinsatzes lösen und bei Bedarf vorsichtig noch bis zu 50 ml Wasser dazugießen.

3. Kurz vor dem Backen die Teigoberfläche mit der Butter oder dem verquirlten Ei bestreichen, da die Oberfläche sonst kalkig weiß bleibt.

TIPPS

Wenn Sie den Teig ansetzen, sollte er auch sofort gebacken werden. Nach dem Backen das Brot kurz in der Form auskühlen lassen und dann evtl. einfrieren. Das Brot eignet sich in dieser Herstellung am besten für die frische Zubereitung und den sofortigen Verzehr.

Nährwerte bei 25 Scheiben pro Scheibe:

90 kcal • **1 g** Eiweiß • **2 g** Fett • **17 g** Kohlenhydrate

Schinken-Käse-Brot für Backautomaten

FÜR 1 CA. 750 G SCHWERES BROT (15–25 SCHEIBEN)

1 Zwiebel
100 g gekochter Schinken
1 EL + 1 TL Sonnenblumenöl
1 Ei (Größe M)
500 g glutenfreies Mehl (Poensgen Classic)
80 g Sonnenblumenkerne
80 g Kürbiskerne
100 g frisch geriebener Käse (z. B. Emmentaler)
2 Päckchen Trockenhefe

ZUBEREITUNG: ca. 10 Min.

1. Die Zwiebel schälen und würfeln. Schinken ebenfalls würfeln. In einer Pfanne 1 EL Öl erhitzen, dann die Zwiebel- und Schinkenwürfel darin bei mittlerer Hitze 2–3 Min. anbraten und in der Pfanne abkühlen lassen.
2. 500 ml lauwarmes Wasser, 1 TL Sonnenblumenöl und das Ei in den Backeinsatz des Brotbackautomaten geben und die Schinken- und Zwiebelwürfel sowie die restlichen Zutaten in der angegebenen Reihenfolge einfüllen. Nun das Programm »Normal« oder »Glutenfrei« des Backautomaten starten.
3. Beim ersten Knetvorgang die Reste der Teigbestandteile vom Rand des Backeinsatzes lösen und bei Bedarf vorsichtig noch bis zu 50 ml Wasser dazugießen.

Nährwerte bei 25 Scheiben pro Scheibe:

135 kcal • **5 g** Eiweiß • **5 g** Fett • **17 g** Kohlenhydrate

Gelbes Maisbrot für Backautomaten

FÜR 1 CA. 750 G SCHWERES BROT (15–25 SCHEIBEN)

80 g Sesamsamen
200 g Magerquark
2 Eier (Größe M)
200–250 ml Milch, 1,5 % Fett
2 EL Rapsöl
2 TL Salz
450 g Maismehl
5 g Agar-Agar
1 Päckchen Trockenhefe

ZUBEREITUNG: ca. 10 Min.

1. Die Sesamsamen bei mittlerer Hitze in einer Pfanne ohne Fett anrösten, auf einen Teller geben und abkühlen lassen.
2. Quark, Eier, 200 ml Milch und Rapsöl in den Backeinsatz des Brotbackautomaten geben. Die restlichen Zutaten inklusive Sesam in der angegebenen Reihenfolge einfüllen und das Programm »Normal« oder »Glutenfrei« des Backautomaten starten.
3. Beim ersten Knetvorgang die Reste der Teigbestandteile vom Rand des Backeinsatzes lösen und bei Bedarf vorsichtig noch bis zu 50 ml Milch dazugießen.

ERNÄHRUNGSPLUS

Sesam verleiht Müsli und Broten nicht nur viel Aroma, sondern er peppt den täglichen Speiseplan auch mit mehr Calcium auf. Ob geschält oder ungeschält, die guten Fettsäuren und der hohe Anteil an Calcium (783 mg/100 g) sowie Ballaststoffen (8 g/100 g) in den kleinen Samen sind nicht zu verachten.

Nährwerte bei 25 Scheiben pro Scheibe:

175 kcal • **7 g** Eiweiß • **7 g** Fett • **23 g** Kohlenhydrate

Landbrot für Backautomaten

FÜR 1 CA. 750 G SCHWERES BROT (15–25 SCHEIBEN)

500 g Mehlmischung, dunkel (SZ-glutenfrei)

1 zerbröckelter Würfel frische Hefe (42 g)

1 EL Zucker

1 EL Salz

2 TL Brotgewürz

ZUBEREITUNG: ca. 5 Min.

1. 450 ml lauwarmes Wasser in den Backeinsatz des Brotbackautomaten geben. Die restlichen Zutaten in der angegebenen Reihenfolge einfüllen und das Programm »Normal« oder »Glutenfrei« des Backautomaten starten.

2. Beim ersten Knetvorgang die Reste der Teigbestandteile vom Rand des Backeinsatzes lösen und bei Bedarf vorsichtig noch bis zu 50 ml Wasser dazugießen.

TIPP

Brotgewürz besteht aus Anis, Kümmel, Koriander und Fenchel zu etwa gleichen Teilen. Häufig kommen auch noch Macis (Muskatblüte), Muskatnuss oder Gewürznelken mit dazu. Für eine eigene Mischung vermengen Sie die gewünschten Anteile der oben genannten Zutaten und zerkleinern Sie diese im Mörser. Die Gewürzmischung in einem dunklen Schraubglas aufbewahren.

Nährwerte bei 25 Scheiben pro Scheibe:

70 kcal • **1 g** Eiweiß • **1 g** Fett • **16 g** Kohlenhydrate

Kartoffelbrot für Backautomaten

FÜR 1 CA. 750 G SCHWERES BROT (15–25 SCHEIBEN)

250–300 ml lauwarme Buttermilch

1 Ei (Größe M)

250 g gekochte Kartoffeln

250 g Mehlmischung, dunkel (SZ-glutenfrei)

1 zerbröckelter Würfel frische Hefe (42 g)

1 EL Zucker

1 EL Salz

je 1 EL Koriander- und Fenchelsamen

ZUBEREITUNG: ca. 20 Min.

1. 250 ml Buttermilch und Ei in den Backeinsatz des Brotbackautomaten geben.

2. Die gekochten Kartoffeln pellen, durch eine Kartoffelpresse drücken und zur Buttermilch-Ei-Mischung geben. Die restlichen Zutaten in der angegebenen Reihenfolge einfüllen und das Programm »Normal« oder »Glutenfrei« des Backautomaten starten.

3. Beim ersten Knetvorgang die Reste der Teigbestandteile vom Rand des Backeinsatzes lösen und bei Bedarf vorsichtig nach und nach noch bis zu 50 ml Buttermilch dazugießen.

TIPP

Die Zugabe von Kartoffeln macht dieses Brot gut haltbar und sehr bekömmlich.

ERNÄHRUNGSPLUS

Leider steht für die laktosearme Zubereitung keine laktosefreie Buttermilch zur Verfügung. Verrühren Sie stattdessen 200 g laktosefreien Joghurt oder Schmant mit 50–100 ml Wasser.

Nährwerte bei 25 Scheiben pro Scheibe:

50 kcal • **2 g** Eiweiß • **1 g** Fett • **10 g** Kohlenhydrate

Käsekuchen

FÜR 1 SPRINGFORM VON 26 CM Ø (12 STÜCK)

4 Eier (Größe M)
Salz
150 g Zucker
500 g Magerquark
300 ml Sahne
1 Päckchen Käsekuchenhilfe (Dr. Oetker)
Saft und abgeriebene Schale von 1 Bio-Zitrone
Saft und abgeriebene Schale von 1 Bio-Orange
Außerdem: Fett und glutenfreie Semmelbrösel für die Form

ZUBEREITUNG: ca. 15 Min.
BACKZEIT: ca. 1 Std.
RUHEZEIT: ca. 30 Min.

1. Backofen auf 190° (Umluft 175°) vorheizen. Die Eier trennen und die Eiweiße mit 1 Prise Salz zu steifem Schnee schlagen.
2. Die Eigelbe und den Zucker mit den Quirlen des Handrührgerätes schaumig rühren. Den Quark, Sahne, Käsekuchenhilfe, Zitronensaft und -schale sowie Orangensaft und -schale unterrühren. Den Eischnee vorsichtig unter die Quarkmasse ziehen.
3. Die Springform fetten und mit Semmelbröseln ausstreuen. Die Quarkmasse in die Form füllen und den Kuchen im vorgeheizten Backofen (unten) in ca. 1 Std. goldgelb backen.
4. Nach dem Backen den fertigen Käsekuchen noch 15–30 Min. bei geöffneter Backofentür im Ofen ruhen lassen, sonst sinkt er in sich zusammen.

ERNÄHRUNGSPLUS

Für die laktosearme Zubereitung können Sie bei diesen Zutaten komplett auf ein milchzuckerreduziertes Angebot im Handel zurückgreifen. Sowohl Quark als auch Sahne werden mittlerweile von gängigen Herstellern auch laktosearm angeboten.

Nährwerte pro Stück:

230 kcal • **9 g** Eiweiß • **11 g** Fett • **24 g** Kohlenhydrate

Apfelkuchen mit Schmant

FÜR 1 SPRINGFORM VON 26 CM Ø (12 STÜCK)

400 g glutenfreies Mehl, hell
250 g Zucker
2 Päckchen Vanillezucker
225 g kalte Butter, Salz
5 Eier (Größe M)
80 g Haselnuss-Krokant
20 g gemahlene Haselnüsse
600 g Äpfel, Saft von 1 Zitrone
250 g Schmant
1 Päckchen Vanillesaucenpulver
1–2 EL Puderzucker
Außerdem: Fett und glutenfreie Semmelbrösel für die Form

ZUBEREITUNG: ca. 25 Min.
BACKZEIT: ca. 55 Min.

1. Den Backofen auf 190° (Umluft 175°) vorheizen. Das Mehl in eine Schüssel sieben, 200 g Zucker und den Vanillezucker dazugeben. Die Butter in Flöckchen schneiden und mit 1 Prise Salz, 1 Ei und dem Haselnuss-Krokant zu der Mehl-Zucker-Mischung geben. Alles mit den Händen zu Streuseln verkneten.
2. Form fetten und mit Semmelbröseln ausstreuen. Die Hälfte der Streusel in die Form geben und fest andrücken, sodass ein geschlossener Teigboden ohne Rand entsteht. Die gemahlenen Haselnüsse daraufstreuen.
3. Die Äpfel schälen, entkernen und in dünne Spalten schneiden. Mit Zitronensaft beträufeln und auf dem Teigboden verteilen.
4. Den Schmant mit restlichem Zucker, restlichen Eiern sowie dem Saucenpulver verrühren. Den Guss über die Äpfel gießen und gleichmäßig verteilen.
5. Die restlichen Streusel darüber verteilen und den Kuchen im vorgeheizten Backofen (unten) 50–55 Min. backen. Den Kuchen herausnehmen und auskühlen lassen. Mit Puderzucker bestäubt servieren.

Nährwerte pro Stück:

515 kcal • **5 g** Eiweiß • **26 g** Fett • **64 g** Kohlenhydrate

Würziger Rotweinkuchen

FÜR 1 GUGELHUPFFORM VON 26 CM Ø (16 STÜCK)

200 g dunkle Blockschokolade
225 g weiche Butter
190 g Zucker
5 Eier (Größe M)
130 ml trockener Rotwein
1 TL Lebkuchengewürz
250 g Maismehl
3/4 Päckchen Backpulver
1–2 EL Puderzucker
Außerdem: Fett und glutenfreie Semmelbrösel für die Form

ZUBEREITUNG: ca. 15 Min.
BACKZEIT: ca. 50 Min.

1. Den Backofen auf 170° (Umluft 150°) vorheizen. Die Blockschokolade fein reiben. Butter mit den Quirlen des Handrührgerätes cremig rühren, Zucker einrieseln lassen und weiterrühren, bis eine weißlich cremige Masse entstanden ist.
2. Eier einzeln nacheinander unterrühren. Den Rotwein, die Schokolade und das Lebkuchengewürz dazugeben und alles zu einem glatten Teig verrühren.
3. Das Maismehl und das Backpulver dazugeben und rasch gleichmäßig unterrühren.
4. Form fetten und mit Semmelbröseln ausstreuen. Den Teig in die Form füllen und gleichmäßig verteilen. Den Kuchen im vorgeheizten Backofen (2. Schiene von unten) ca. 50 Min. backen. Zum Auskühlen auf ein Kuchengitter stürzen. Dick mit Puderzucker bestäubt servieren.

VARIANTE

Der Alkohol verfliegt beim Backen nicht! Ersetzen Sie den Wein durch 100 ml Kirschsaft für eine alkoholfreie Variante.

Nährwerte pro Stück:

315 kcal • **4 g** Eiweiß • **18 g** Fett • **32 g** Kohlenhydrate

Schokoladenkuchen

FÜR 1 KRANZFORM VON 26 CM Ø (12 STÜCK)

200 g dunkle Blockschokolade
250 g weiche Butter
200 g Zucker
5 Eier (Größe M)
60 ml Milch, 3,5 % Fett
1 Päckchen Backpulver
100 g gehackte Mandeln
280 g Mehl-Mix hell (Hammermühle)
200 g Zartbitterkuvertüre
Außerdem: Fett und glutenfreie Semmelbrösel für die Form

ZUBEREITUNG: ca. 20 Min.
BACKZEIT: ca. 50 Min.

1. Den Backofen auf 170° (Umluft 150°) vorheizen. Die Blockschokolade grob hacken. Die Butter mit den Quirlen des Handrührgerätes cremig rühren, den Zucker einrieseln lassen und weiterrühren, bis eine weißlich cremige Masse entstanden ist.
2. Eier einzeln nacheinander unterrühren. Milch, Backpulver, die gehackten Mandeln und die Schokolade zugeben und ebenfalls unterrühren. Den Mehl-Mix rasch unter den Teig rühren.
3. Die Form fetten und mit den Semmelbröseln ausstreuen. Den Teig hineingeben, verteilen und den Kuchen im vorgeheizten Backofen (2. Schiene von unten) in ca. 50 Min. goldbraun backen. Auf ein Kuchengitter stürzen, auskühlen lassen.
4. Kuvertüre bei 180 Watt in 5 Min. in der Mikrowelle oder nach Packungsangabe schmelzen, Kuchen damit überziehen.

ERNÄHRUNGSPLUS

Durch die Mandeln bleibt der Kuchen länger saftig. Vor allem aber sind die Mandeln eine gute Ballaststoffquelle, die in Kombination mit viel Flüssigkeit Verdauungsbeschwerden lindert.

Nährwerte pro Stück:

570 kcal • **7 g** Eiweiß • **36 g** Fett • **55 g** Kohlenhydrate

Mandel-Honig-Kuchen

FÜR 1 SPRINGFORM VON 26 CM Ø (12 STÜCK)

Für den Teig

125 g Sultaninen, 100 g Butter
2 EL Zucker, 3 Eier (Größe M)
2 EL flüssiger Honig
200 g Mehl-Mix hell (Hammermühle)
1 1/2 TL Backpulver
125 g gemahlene Mandeln

Für den Belag

80 g Butter, 80 g Zucker
70 g Honig, 2 EL Sahne
1/2 TL Zimtpulver
200 g gehackte Mandeln
Außerdem: Fett für die Form

ZUBEREITUNG: ca. 30 Min.
BACKZEIT: ca. 50 Min.

1. Den Backofen auf 200° (Umluft 180°) vorheizen. Für den Teig die Sultaninen mindestens 10 Min. in heißem Wasser einweichen und anschließend mit heißem Wasser abspülen, gut abtropfen lassen, trocken tupfen.
2. Inzwischen die Butter und den Zucker mit den Quirlen des Handrührgerätes cremig rühren. Die Eier einzeln nacheinander unter die Buttermasse rühren. Den Honig zugeben und unterrühren. Zuerst den Mehl-Mix, Backpulver und die gemahlenen Mandeln, zum Schluss die Sultaninen rasch unterrühren.
3. Die Form fetten. Den Teig hineingeben, gleichmäßig verteilen, den Kuchen im vorgeheizten Backofen (2. Schiene von unten) in 25–30 Min. hellgelb backen.
4. Inzwischen für den Belag die Butter in einem Topf schmelzen und mit Zucker, Honig, Sahne und dem Zimt glatt rühren. Die Mandeln dazugeben, alles kurz aufkochen. Auf der ausgeschalteten Herdplatte stehen lassen.
5. Nach Ablauf der Backzeit die Mandelmasse auf den Kuchen streichen und diesen nochmals ca. 20 Min. weiterbacken.

Nährwerte pro Stück:

460 kcal • **8 g** Eiweiß • **30 g** Fett • **40 g** Kohlenhydrate

Butterkeks-Kuchen

FÜR 1 BACKBLECH (20 STÜCK)

Für den Belag

100 g dunkle Kuvertüre
200 g glutenfreie Butterkekse
1 Dose Pfirsichhälften (860 ml)
1 Päckchen Vanillepuddingpulver
250 ml Orangensaft
400 ml Sahne
1 Päckchen Sahnesteif

Für den Teig

3 Eier (Größe M), 1 Prise Salz
100 g Zucker
2 Päckchen Vanillezucker
100 g glutenfreies Mehl, hell
1 TL Backpulver

ZUBEREITUNG: ca. 40 Min.
BACKZEIT: ca. 15 Min.
KÜHLZEIT: ca. 1 Std.

1. Für den Belag die Kuvertüre in einem heißen Wasserbad schmelzen. Die Butterkekse mit der Oberseite in die Kuvertüre tauchen, auf Backpapier legen und trocknen lassen.
2. Ofen auf 190° (Umluft 175°) vorheizen. Aus den Teigzutaten und 3 EL kaltem Wasser einen Biskuit herstellen (s. S. 28). Diesen auf ein mit Backpapier belegtes Backblech streichen, im heißen Ofen (Mitte) 12–15 Min. backen. Auskühlen lassen.
3. Für den Belag die Pfirsiche abtropfen lassen, den Saft auffangen, vier Pfirsichhälften in Spalten schneiden und zur Seite stellen. Restliche Pfirsiche klein würfeln, auf dem ausgekühlten Kuchen verteilen.
4. Das Puddingpulver mit 6 EL Pfirsichsaft verrühren. Orangensaft mit Pfirsichsaft auf 500 ml auffüllen, aufkochen, das Puddingpulver einrühren und nochmals aufkochen, bis die Masse andickt. Pudding auf die Pfirsichwürfel streichen und ca. 1 Std. auskühlen lassen.
5. Die Sahne mit Sahnesteif steif schlagen und auf den Pudding streichen. Butterkekse mit der Schokoseite nach oben auf den Kuchen legen. Diesen mit restlichen Pfirsichspalten garnieren.

Nährwerte pro Stück:

230 kcal • **3 g** Eiweiß • **10 g** Fett • **32 g** Kohlenhydrate

Heidelbeer-Tarte

FÜR 1 TARTEFORM VON 26 CM Ø (12 STÜCK)

150 g glutenfreies Mehl (Schär)
50 g gemahlene Mandeln
130 g Zucker
2 Päckchen Vanillezucker
Salz, 1 Ei (Größe M)
120–130 g kalte Butter
300 ml Milch, 3,5 % Fett
1 Päckchen Vanillepuddingpulver
50 g weiße Kuvertüre
200 ml Sahne, 400 g Heidelbeeren
1 EL Puderzucker
Außerdem: Mehl für die Arbeitsfläche; Fett und glutenfreie Semmelbrösel für die Form

ZUBEREITUNG: ca. 70 Min.
RUHEZEIT: ca. 1 Std.
BACKZEIT: ca. 25 Min.

1. Aus Mehl, Mandeln, 80 g Zucker, 1 Päckchen Vanillezucker, 1 Prise Salz, Ei und Butter einen Mürbeteig herstellen und kalt stellen (s. S. 35).

2. 8 EL Milch mit 50 g Zucker, 1 Päckchen Vanillezucker und Puddingpulver glatt rühren. Restliche Milch zum Kochen bringen, Puddingpulver zugeben, alles erneut aufkochen, bis die Masse andickt. Vom Herd nehmen und die gehackte Kuvertüre darin schmelzen. Auskühlen lassen, ab und zu umrühren.

3. Backofen auf 190° (Umluft 175°) vorheizen. Teig auf einer mit glutenfreiem Mehl bestreuten Arbeitsfläche ausrollen. Die Form fetten, mit Semmelbröseln ausstreuen und mit dem Teig auskleiden. Teigboden mehrmals mit einer Gabel einstechen und im vorgeheizten Backofen (unten) 20–25 Min. backen. Auskühlen lassen.

4. Die Sahne steif schlagen und unter die Puddingcreme ziehen. Creme auf den Boden streichen, ca. 30 Min. kalt stellen. Heidelbeeren waschen, trocken tupfen, auf der Creme verteilen und die Tarte mit Puderzucker bestäuben.

Nährwerte pro Stück:
340 kcal • **4 g** Eiweiß • **21 g** Fett • **33 g** Kohlenhydrate

Saftiger Zwetschgenkuchen

FÜR 1 BACKBLECH (20 STÜCK)

Für den Teig
125 ml Milch, 1,5 % Fett
1 Würfel frische Hefe (42 g)
80–100 g Zucker
300–320 g glutenfreies Mehl, hell
1 Päckchen Vanillezucker, Salz
Saft und abgeriebene Schale von 1 Bio-Zitrone
50 g weiche Butter
1 Ei (Größe M)

Für den Belag
800 g Zwetschgen
50 g Zucker
1/2 TL Zimtpulver

ZUBEREITUNG: ca. 40 Min.
RUHEZEIT: ca. 55 Min.
BACKZEIT: ca. 35 Min.

1. Die Milch lauwarm erhitzen, Hefe zerbröckeln. Dann mit 1 EL Zucker in der Milch auflösen und ca. 10 Min. ruhen lassen.

2. Das Mehl in eine Schüssel sieben. Restlichen Zucker, Vanillezucker, 1 Prise Salz, Zitronensaft und -schale, Butter, Ei und die Hefemilch dazugeben, alles mit den Knethaken des Handrührgerätes zu einem glatten Teig verarbeiten, dann zugedeckt bei Zimmertemperatur 30–45 Min. gehen lassen.

3. Backofen auf 200° (Umluft 180°) vorheizen. Für den Belag die Zwetschgen waschen, halbieren und entsteinen. Den Teig auf einem mit Backpapier belegten Blech (am besten Fettpfanne) ausrollen – evtl. muss noch etwas glutenfreies Mehl untergeknetet werden. Den Teig mit den Zwetschgen belegen. Kuchen im vorgeheizten Backofen (Mitte) ca. 20 Min. backen.

4. Zucker mit Zimt mischen, über die Zwetschgen streuen und den Kuchen in weiteren 10–15 Min. fertig backen.

Nährwerte pro Stück:
135 kcal • **1 g** Eiweiß • **3 g** Fett • **26 g** Kohlenhydrate

Schicht-Torte

FÜR 1 SPRINGFORM VON 26 CM Ø (12 STÜCK)

4 Eier (Größe M), Salz
400–450 g glutenfreies Mehl, hell
1/2 Päckchen Backpulver
250 g kalte Butter
280 g Zucker
2 Päckchen Vanillezucker
40 g Hagelzucker
80 g Mandelblättchen
200 ml Sahne, 300 g Schmant
4 kleine Dosen Mandarinen (je ca. 200 g Abtropfgewicht)
2 EL Puderzucker

ZUBEREITUNG: ca. 25 Min.
BACKZEIT: ca. 1 Std.
RUHEZEIT: mind. 12 Std.

1. Backofen auf 190° (Umluft 175°) vorheizen. Eier trennen. Eiweiße mit 1 Prise Salz zu steifem Schnee schlagen, kalt stellen.

2. Eigelbe, Mehl, Backpulver, Butter, 200 g Zucker und Vanillezucker zu einem Mürbeteig verkneten (s. S. 35).

3. Die Form mit Backpapier auslegen. Ein Viertel des Teiges in die Form geben, gleichmäßig am Boden andrücken und ein Viertel des Eischnees darauf verstreichen. 10 g Hagelzucker und 20 g Mandelblättchen darüberstreuen. Den Boden im vorgeheizten Backofen (Mitte) 10–15 Min. backen, auskühlen lassen. Auf die gleiche Art und Weise drei weitere Baiserböden backen.

4. Die Sahne steif schlagen, Schmant mit restlichem Zucker verrühren, die Sahne und die Mandarinen unterheben.

5. Einen Boden auf eine Platte setzen, Springformrand darum herumstellen. Ein Drittel der Mandarinen-Creme darauf verteilen. Böden und Creme so weiter einschichten, mit dem vierten Boden abschließen. Die Torte mindestens 1 Tag im Kühlschrank durchziehen lassen. Vor dem Servieren mit Puderzucker bestäuben.

Nährwerte pro Stück:

635 kcal • **6 g** Eiweiß • **36 g** Fett • **74 g** Kohlenhydrate

Apfel-Tarte

FÜR 1 TARTEFORM VON 26 CM Ø (12 STÜCK)

150 g glutenfreies Mehl (Schär)
50 g gemahlene Mandeln
80 g Zucker
1 Päckchen Vanillezucker
Salz, 1 Ei (Größe M)
120–130 g + 2 EL kalte Butter
20 g Pinienkerne
50 g Marzipanrohmasse
2 TL Puderzucker, 1 EL Rum
5 mittelgroße säuerliche Äpfel
Saft und abgeriebene Schale von 1 Bio-Limette
3–4 EL Aprikosenkonfitüre
Außerdem: glutenfreies Mehl für die Arbeitsfläche

ZUBEREITUNG: ca. 30 Min.
RUHEZEIT: ca. 30 Min.
BACKZEIT: ca. 20 Min.

1. Aus Mehl, Mandeln, Zucker, Vanillezucker, 1 Prise Salz, Ei und 120–130 g Butter einen Mürbeteig herstellen und diesen ca. 30 Min. kühlen (s. S. 35).

2. Backofen auf 220° (Umluft 200°) vorheizen. Formboden mit Backpapier auslegen. Den Mürbeteig auf einer mit glutenfreiem Mehl bestäubten Arbeitsfläche ausrollen und die Form damit auskleiden, dabei einen kleinen Rand formen. Den Teig mehrmals mit einer Gabel einstechen.

3. Für die Füllung Pinienkerne in einer Pfanne ohne Fett rösten, etwas abkühlen lassen und grob hacken. Marzipanrohmasse mit Puderzucker, Rum, restlicher Butter und den Pinienkernen verkneten. Die Masse zerzupfen und auf dem Teigboden verteilen.

4. Äpfel schälen, ohne Kerngehäuse in dünne Spalten schneiden, mit Limettensaft und -schale mischen und dachziegelartig von außen nach innen auf den Teigboden legen.

5. Tarte im vorgeheizten Backofen (Mitte) ca. 20 Min. backen. Aprikosenkonfitüre erwärmen, Tarte damit bestreichen.

Nährwerte pro Stück:

275 kcal • **2 g** Eiweiß • **15 g** Fett • **32 g** Kohlenhydrate

Schneegestöber

FÜR 1 SPRINGFORM VON 26 CM Ø (12 STÜCK)

Für den Teig

3 Eier (Größe M), Salz
150 g Zucker
1 Päckchen Vanillezucker
200 g gemahlene Mandeln
1 TL Backpulver
1 TL Zimtpulver

Für den Belag

80 g Zartbitterkuvertüre
400 ml Sahne
1 Päckchen Vanillezucker
Außerdem: 2 EL Kokosraspel zum Bestreuen

ZUBEREITUNG: ca. 30 Min.
BACKZEIT: ca. 25 Min.
KÜHLZEIT: ca. 30 Min.

1. Den Backofen auf 190° (Umluft 175°) vorheizen. Für den Teig die Eier trennen. Die Eiweiße mit 1 Prise Salz zu steifem Schnee schlagen und kalt stellen.
2. Eigelbe, Zucker, Vanillezucker und 2–3 EL kaltes Wasser mit den Quirlen des Handrührgerätes 5–10 Min. schaumig rühren. Mandeln mit Backpulver und Zimt mischen, dazugeben und unterrühren. Dann den Eischnee vorsichtig unterheben.
3. Die Masse in eine mit Backpapier ausgelegte Springform gießen, gleichmäßig verteilen und im vorgeheizten Backofen (Mitte) 20–25 Min. backen. Dann auskühlen lassen und aus der Form lösen.
4. Für den Belag die Kuvertüre in einem heißen Wasserbad nach Packungsangabe schmelzen, dann 10–15 Min. abkühlen lassen; sie soll aber flüssig bleiben. Die Sahne mit dem Vanillezucker steif schlagen und auf dem ausgekühlten Mandelboden verteilen. Die geschmolzene Kuvertüre auf der Sahne verteilen und sofort mit einer Gabel spiralförmig unterziehen.
5. Die Torte ca. 30 Min. kalt stellen. Vor dem Servieren mit Kokosraspeln bestreuen.

Nährwerte pro Stück:

325 kcal • **6 g** Eiweiß • **24 g** Fett • **20 g** Kohlenhydrate

Griechische Käsetorte

FÜR 1 SPRINGFORM VON 26 CM Ø (12 STÜCK)

1 Orange, 1 Birne
100 g getrocknete Feigen
2 EL Rum, 100 g Walnusskerne
3 Eier (Größe M), Salz
4 EL flüssiger Honig
1 Päckchen Vanillezucker
500 g Magerquark
200 g Mascarpone (italienischer Frischkäse)
abgeriebene Schale von 1 Bio-Zitrone
100–120 g Maisgrieß
1 TL Backpulver
50 g Mandelblättchen

ZUBEREITUNG: ca. 35 Min.
RUHEZEIT: über Nacht
BACKZEIT: ca. 90 Min.

1. Die Orange auspressen. Die Birne schälen und ohne Kerngehäuse klein würfeln. Die Feigen ebenfalls in kleine Würfel schneiden. Obstwürfel mit Orangensaft und Rum mischen. Walnüsse in einer Pfanne ohne Fett anrösten, abkühlen lassen, grob hacken, zum Obst geben. Alles gut durchmischen, über Nacht zugedeckt ziehen lassen.
2. Den Backofen auf 180° (Umluft 160°) vorheizen. Die Form mit Backpapier auslegen. Die Eier trennen. Eiweiße mit 1 Prise Salz zu steifem Schnee schlagen und kalt stellen.
3. Eigelbe, Honig und Vanillezucker mit den Quirlen des Handrührgerätes schaumig rühren. Quark, Mascarpone und die Zitronenschale unterrühren. Maisgrieß mit Backpulver mischen und unterrühren. Zuerst Obst-Nuss-Mischung, dann den Eischnee unter die Quarkmasse heben.
4. Die Masse in die Form füllen, glatt streichen, mit den Mandelblättchen bestreuen und im vorgeheizten Backofen (Mitte) ca. 40 Min. backen. Mit Alufolie abdecken und weitere 45–50 Min. backen. Kuchen im Backofen auskühlen lassen.

Nährwerte pro Stück:

300 kcal • **12 g** Eiweiß • **17 g** Fett • **24 g** Kohlenhydrate

Joghurt-Torte

mit Maracuja

FÜR 1 SPRINGFORM VON 26 CM Ø (12 STÜCK)

Für den Teig

5 Eier (Größe M)
Salz
200 g Zucker
2 Päckchen Vanillezucker
200–250 g glutenfreies Mehl, hell
1 Päckchen Backpulver

Für die Füllung

500 ml Sahne
400 g Joghurt, 3,5 % Fett
180 ml Maracujasaft oder -nektar
1 Päckchen Tortencreme Käse-Sahne (Dr. Oetker)

Für den Guss

2 Päckchen klarer Tortenguss
250 ml Maracujasaft oder -nektar
Außerdem: 1–2 EL Puderzucker zum Bestäuben

ZUBEREITUNG: ca. 45 Min.
BACKZEIT: ca. 30 Min.
KÜHLZEIT: ca. 1 Std.

1. Ofen auf 190° (Umluft 175°) vorheizen. Für den Teig die Eier trennen. Die Eiweiße mit 1 Prise Salz zu steifem Schnee schlagen. Eigelbe und den Zucker mit 5 EL kaltem Wasser mit den Quirlen des Handrührgerätes schaumig rühren, dabei den Vanillezucker einrieseln lassen. Mehl und Backpulver mischen und auf die Eigelbmasse sieben. Den Eischnee daraufgeben und vorsichtig unter die Masse ziehen.

2. Die Masse in eine mit Backpapier ausgelegte Springform füllen, gleichmäßig verteilen und im vorgeheizten Backofen (Mitte) 25–30 Min. backen. Den Biskuit auskühlen lassen.

3. Den Boden quer in drei gleich große Böden schneiden. Dazu den Boden an den gewünschten Stellen leicht rundherum mit einem Messer einschneiden, jeweils einen Bindfaden in den Schnitt legen und dann über Kreuz zusammenziehen.

4. Für die Füllung die Sahne steif schlagen. Den Joghurt mit Maracujasaft oder -nektar und der Tortencreme verrühren. Die Sahne unterheben.

5. Ersten Boden auf eine Platte legen und den Springformrand oder einen Tortenring darum herumstellen. Die Maracujacreme auf den Boden geben und glatt streichen. Den zweiten Boden darauflegen und andrücken.

6. Aus Tortenguss, Maracujasaft oder -nektar sowie 250 ml Wasser nach Packungsangabe einen Guss herstellen und auf dem oberen Boden verteilen. Torte ca. 1 Std. kalt stellen.

7. Aus dem dritten Boden Motive (z. B. Wolken, Sterne, Herzen etc.) ausstechen und die Torte damit garnieren. Die Torte kurz vor dem Servieren leicht mit Puderzucker bestäuben.

TIPP

Für eine fettarme Variante können Sie Magerjoghurt und Rama Cremefine »zum Schlagen« anstatt Sahne für die Creme verwenden.

Nährwerte pro Stück:

400 kcal • **6 g** Eiweiß • **17 g** Fett • **53 g** Kohlenhydrate

Möhrentorte

mit Limettencreme

FÜR 1 SPRINGFORM VON 26 CM Ø (12 STÜCK)

Für den Teig

300 g Möhren
Saft und abgeriebene Schale von 1 Bio-Orange
200 g gemahlene Haselnüsse
6 Eier (Größe M)
Salz
250 g Zucker
50 g glutenfreies Mehl, hell

Für die Creme

200 g Mascarpone (italienischer Frischkäse)
50 g Zucker
1 Päckchen Vanillezucker
abgeriebene Schale von 3 Bio-Limetten
200 ml Sahne

Für die Garnitur

12 Marzipanmöhren (Fertigprodukt; Backregal)
50 g gehackte Pistazien
Außerdem: Fett und gemahlene Haselnüsse für die Form

ZUBEREITUNG: ca. 25 Min.
BACKZEIT: ca. 50 Min.

1. Backofen auf 200° (Umluft 180°) vorheizen. Die Springform fetten und mit gemahlenen Haselnüssen ausstreuen.
2. Die Möhren schälen, fein raspeln und mit Orangenschale und Haselnüssen mischen. Die Eier trennen. Die Eiweiße mit 1 Prise Salz zu steifem Schnee schlagen und kalt stellen.
3. Die Eigelbe mit Zucker und Orangensaft mit den Quirlen des Handrührgerätes dick schaumig rühren. Möhren-Nuss-Mischung unterrühren. Eischnee daraufgeben, das Mehl darübersieben und beides locker unterheben. Den Teig in die Form füllen und im vorgeheizten Backofen (Mitte) 40–50 Min. backen. Auf einem Kuchengitter auskühlen lassen.
4. Für die Creme Mascarpone mit Zucker, Vanillezucker und der Limettenschale verrühren. Die Sahne steif schlagen und vorsichtig unterziehen.
5. Limettencreme gleichmäßig auf die Möhrentorte streichen. Die Torte mit Marzipanmöhren und gehackten Pistazien garnieren und servieren.

TOPPING-VARIANTE

Anstelle der Limettencreme kann die Torte auch mit einer Mischung aus 2 EL Orangensaft und 2 EL erwärmter Aprikosenkonfitüre bestrichen werden. Dann 180 g Puderzucker mit 3–4 EL Wasser glatt rühren, die Torte damit überziehen, mit Marzipanmöhren garnieren.

TIPP

Die Torte schmeckt am besten, wenn sie 1–2 Tage durchziehen konnte.

ERNÄHRUNGSPLUS

Mascarpone gibt es nicht als laktosefreie Variante. Um dieses Rezept laktosearm genießen zu können, rühren Sie 150 g laktosefreien Frischkäse mit 50 g laktosefreiem Schmant glatt. Die weitere Verwendung erfolgt dann wie links im Rezept beschrieben.

Nährwerte pro Stück:

460 kcal • **8 g** Eiweiß • **31 g** Fett • **37 g** Kohlenhydrate

Schwarzwälder Kirschtorte

FÜR 1 SPRINGFORM VON 26 CM Ø (12 STÜCK)

Für den Teig

5 Eier (Größe M)
Salz
200 g Zucker
2 Päckchen Vanillezucker
200–250 g glutenfreies Mehl, hell
1 Päckchen Backpulver
3 EL Kakaopulver

Für die Füllung

1 Glas Sauerkirschen (680 ml)
50 ml Kirschwasser
3–4 Päckchen Sahnesteif
100 g Kirschkonfitüre
30 g Speisestärke
20 g Zucker
500 ml Sahne
200 g Schmant
abgeriebene Schale von 1 Bio-Zitrone

Für die Garnitur

200 g Borkenschokolade
12 Belegkirschen

ZUBEREITUNG: ca. 40 Min.
EINWEICHZEIT: über Nacht
BACKZEIT: ca. 30 Min.
KÜHLZEIT: ca. 4 Std.

1. Für die Füllung die Kirschen abtropfen lassen, den Saft auffangen und mit Wasser auf 200 ml auffüllen. Die Kirschen mit Kirschwasser mischen und über Nacht zugedeckt durchziehen lassen.

2. Den Backofen auf 190° (Umluft 175°) vorheizen. Aus den Teigzutaten und 5 EL kaltem Wasser eine Biskuitmasse herstellen (s. S. 28), zusätzlich mit Mehl und Backpulver den Kakao unterheben. Die Masse in die mit Backpapier ausgelegte Form füllen, glatt streichen, im vorgeheizten Backofen (Mitte) 25–30 Min. backen und anschließend auskühlen lassen.

3. Den Boden quer in drei gleich große Böden schneiden. Dazu den Boden an den gewünschten Stellen leicht rundherum mit einem Messer einschneiden, jeweils einen Bindfaden in den Schnitt legen und dann über Kreuz zusammenziehen.

4. Den ersten Boden auf eine Platte legen, den Springformrand oder einen Tortenring darum herumstellen. Den Boden zuerst mit 1–2 Päckchen Sahnesteif bestreuen, dann mit der Konfitüre bestreichen.

5. 8 EL des aufgefangenen Kirschsaftes mit Speisestärke und Zucker verrühren. Restlichen Kirschsaft erhitzen, die Speisestärke einrühren, einmal aufkochen, bis die Masse andickt, Kirschen zugeben. Die Kirschgrütze abkühlen lassen, dann gleichmäßig auf dem Tortenboden verteilen. Den zweiten Boden auflegen, andrücken.

6. Die Sahne mit 2 Päckchen Sahnesteif steif schlagen und ein Drittel davon für die Garnitur kalt stellen. Den Schmant und die Zitronenschale unter die restliche Sahne ziehen. Die Hälfte der Creme gleichmäßig auf dem zweiten Tortenboden verteilen. Den dritten Boden auflegen und andrücken.

7. Restliche Creme gleichmäßig auf und um die Torte streichen. Mit Borkenschokolade garnieren. Beiseitegestellte Sahne in einen Spritzbeutel mit Sterntülle füllen und zwölf Tupfen auf die Tortenoberfläche spritzen, mit Belegkirschen garnieren. Torte vor dem Servieren 3–4 Std. kalt stellen.

Nährwerte pro Stück:

535 kcal • **6 g** Eiweiß • **26 g** Fett • **65 g** Kohlenhydrate

Sektschaumtorte

FÜR 1 SPRINGFORM VON 26 CM Ø (12 STÜCK)

Für den Teig

4 Eier (Größe M), Salz
100 g Zucker
2 Päckchen Vanillezucker
100 g glutenfreies Mehl, hell
1 Päckchen Backpulver

Für die Creme

4 Blätter weiße Gelatine
3 Eier (Größe M), Salz
120 g Zucker
300 ml Sekt
abgeriebene Schale von 1 Bio-Zitrone
200 ml Sahne

Für den Guss

3 Blätter rote Gelatine
300 g Erdbeeren
1–2 grüne eingelegte Pfefferkörner
1 Päckchen Vanillezucker

Für die Garnitur

200 ml Sahne
1 Päckchen Vanillezucker
12 Blättchen frische Minze
12 Schokoblättchen

ZUBEREITUNG: ca. 90 Min.
BACKZEIT: ca. 15 Min.
KÜHLZEIT: über Nacht + 2 Std.

1. Den Backofen auf 190° (Umluft 175°) vorheizen. Aus allen Teigzutaten einen Biskuit herstellen, allerdings ohne Wasserzugabe (s. S. 28). Die Masse in die mit Backpapier ausgelegte Form füllen, glatt streichen und im vorgeheizten Backofen (Mitte) 12–15 Min. backen. Den Biskuit auskühlen lassen.
2. Den Boden auf eine Platte legen und den Springformrand oder einen Tortenring darum herumstellen.
3. Für die Creme die Gelatine ca. 5 Min. in kaltem Wasser einweichen. Die Eier trennen. Die Eiweiße mit 1 Prise Salz zu steifem Schnee schlagen und kalt stellen. Die Eigelbe mit Zucker und der Hälfte des Sekts in eine Metallschüssel geben. Einen zur Schüssel passenden Topf zur Hälfte mit Wasser füllen, das Wasser erhitzen und sanft kochen lassen. Metallschüssel halb in den Topf hängen, sodass der Schüsselboden das Wasser jedoch nicht berührt, und die Eiercreme mit den Quirlen des Handrührgerätes auf niedriger Stufe in 5–10 Min. zu einer dick schaumigen Creme rühren.
4. Gelatine ausdrücken und in der Creme auflösen. Zitronenschale unterrühren. Creme kalt stellen, bis sie zu gelieren beginnt. Den restlichen Sekt unterrühren. Sahne steif schlagen und unter die Creme heben. Eischnee unterziehen. Creme auf den Tortenboden geben, glatt streichen und über Nacht kalt stellen.
5. Für den Guss rote Gelatine ca. 5 Min. in kaltem Wasser einweichen. Erdbeeren waschen, entkelchen, mit Pfeffer und Vanillezucker pürieren. Gelatine ausdrücken. In einem kleinen Topf 2–3 EL Erdbeerpüree erwärmen und die Gelatine darin auflösen. Gelatine mit dem restlichen Püree verrühren und den Guss auf der erkalteten Sektschaumcreme gleichmäßig verteilen. Torte 1–2 Std. kalt stellen.
6. Für die Garnitur Sahne mit Vanillezucker steif schlagen und auf den Guss streichen. Minze- und Schokoblättchen auf der Sahne verteilen.

Nährwerte pro Stück:

320 kcal • **7 g** Eiweiß • **15 g** Fett • **36 g** Kohlenhydrate

Aprikosen-Quark-Auflauf

FÜR 4 PERSONEN
1 Bio-Zitrone
2 Eier (Größe L), Salz
50 g weiche Butter
30 g + 2 EL Zucker
1/2 Päckchen Vanillezucker
250 g Quark, 20 % Fett
40 g Speisestärke
250 g Aprikosen (aus der Dose; abgetropft)
4 EL Mandelblättchen
Außerdem: Auflaufform (ca. 20 × 30 cm); Fett für die Form

ZUBEREITUNG: ca. 20 Min.
BACKZEIT: ca. 40 Min.

1. Den Backofen auf 180° (Umluft 160°) vorheizen. Die Zitrone heiß waschen, abtrocknen, die Schale abreiben und den Saft einer Zitronenhälfte auspressen. Die Eier trennen. Die Eiweiße mit 1 Prise Salz zu steifem Schnee schlagen.
2. Die Eigelbe zusammen mit 30 g Butter, 30 g Zucker und dem Vanillezucker mit den Quirlen des Handrührgerätes dick cremig rühren. Zitronensaft und -schale sowie den Quark unter die Eiercreme rühren. Anschließend rasch die Speisestärke untermischen. Zum Schluss den Eischnee auf die Quarkmasse geben und unterziehen.
3. Die Form fetten. Die Hälfte der Quarkmasse hineingeben. Aprikosen in Spalten schneiden, fächerförmig auf der Masse verteilen und mit der restlichen Quarkmasse bedecken. Zuerst mit Mandelblättchen, dann mit 2 EL Zucker bestreuen. Die restliche Butter in Flöckchen darauf verteilen und den Auflauf im vorgeheizten Backofen (Mitte) in ca. 40 Min. goldbraun backen.

Nährwerte pro Portion:
405 kcal • **25 g** Eiweiß • **49 g** Fett • **76 g** Kohlenhydrate

Süßer Brotauflauf

FÜR 4 PERSONEN
4 Scheiben altbackenes glutenfreies Brot
2 EL Butter
2 EL Aprikosenkonfitüre
250 ml Milch, 3,5 % Fett
2 Eier (Größe M)
4 EL Zucker
1 Päckchen Vanillezucker
2 EL gemahlene Mandeln
Außerdem: Auflaufform (ca. 20 × 30 cm); Fett und glutenfreies Mehl für die Form

ZUBEREITUNG: ca. 15 Min.
BACKZEIT: ca. 45 Min.

1. Den Backofen auf 175° (Umluft 155°) vorheizen. Die Form fetten und mit Mehl ausstreuen. Die Brotscheiben toasten, mit Butter und Konfitüre bestreichen und anschließend fächerförmig in die Form legen.
2. In einem hohen Rührgefäß Milch, Eier, Zucker und Vanillezucker mit den Quirlen des Handrührgerätes oder einem Schneebesen verquirlen. Die Mandeln dazugeben und unterrühren. Die Eier-Mandel-Milch über die Brotscheiben gießen.
3. Brotauflauf im vorgeheizten Backofen (unten) in 40–45 Min. goldgelb backen.

TIPPS

Als süßes Mittagsgericht für zwei oder als Dessert für vier ist der Brotauflauf vor allem mit frischen Erdbeeren oder anderen Früchten ein Genuss.

Dieses Rezept erfreut sich besonders großer Beliebtheit bei unseren Patienten, da es eine schmackhafte Verwertung »alter« glutenfreier Brotsorten ermöglicht.

Nährwerte pro Portion:
310 kcal • **7 g** Eiweiß • **16 g** Fett • **31 g** Kohlenhydrate

Karamellisierte Pfirsiche

FÜR 4 PERSONEN
1 Stück frischer Ingwer (1–2 cm)
20 g Zucker
20 g gehackte Mandeln
20 g Pinienkerne
2 Pfirsiche
Saft von 1 Limette, 1 EL Butter
200 g Mascarpone (italienischer Frischkäse)
1 TL Zimtpulver
1 Päckchen Vanillezucker
2 dünne Limettenscheiben
8 Blättchen frische Minze
Außerdem: Auflaufform (ca. 20 × 30 cm)

ZUBEREITUNG: ca. 25 Min.
BACKZEIT: ca. 12 Min.

1. Den Ingwer schälen und fein reiben. Zucker in eine Pfanne streuen und bei mittlerer Hitze karamellisieren. Die gehackten Mandeln und die Pinienkerne zugeben und mit dem Karamell vermischen. Den Ingwer unter den Mandel-Karamell rühren, diesen aus der Pfanne nehmen und abkühlen lassen.

2. Den Backofen auf 220° (Umluft 200°) vorheizen. Pfirsiche waschen, halbieren, entsteinen, in Spalten schneiden und in die feuerfeste Form schichten. Den Limettensaft darüberträufeln. Die Butter in Flöckchen daraufsetzen, Karamell gleichmäßig auf den Pfirsichen verteilen und das Gratin im vorgeheizten Backofen (Mitte) 10–12 Min. grillen.

3. Mascarpone mit dem Zimt und dem Vanillezucker verrühren und über die warmen Pfirsiche geben. Pfirsiche mit Limettenscheiben und Minzeblättchen garnieren. Sofort servieren.

Nährwerte pro Portion:
370 kcal • **4 g** Eiweiß • **32 g** Fett • **17 g** Kohlenhydrate

Rohrnudeln mit Vanillesauce

FÜR 1 SPRINGFORM VON 26 CM Ø (12 STÜCK)
500 g glutenfreies Mehl, hell
70 g + 2 EL weiche Butter
140 g Zucker
1 Päckchen Vanillezucker, Salz
2 Würfel frische Hefe (à 42 g)
1 Ei (Größe M)
abgeriebene Schale von 1 Bio-Zitrone
475 ml Milch, 3,5 % Fett
30 g Vanillepuddingpulver
Mark von 1 Vanilleschote
250 ml Sahne
Außerdem: Fett und glutenfreie Semmelbrösel für die Form

ZUBEREITUNG: ca. 40 Min.
RUHEZEIT: ca. 1 Std.
BACKZEIT: ca. 20 Min.

1. Mehl in eine Schüssel sieben. 70 g Butter, 70 g Zucker, Vanillezucker, 1/2 TL Salz, zerbröckelte Hefe, Ei, Zitronenschale und 225 ml zimmerwarme Milch dazugeben und zu einem glatten Teig verarbeiten (s. S. 33). Mit den Händen ca. 5 Min. weiterkneten und anschließend den Teig ca. 30 Min. bei Zimmertemperatur zugedeckt gehen lassen.

2. Die Form fetten und mit Semmelbröseln ausstreuen. Hefeteig nochmals gut durchkneten, zwölf brötchengroße Kugeln daraus formen und von der Mitte aus mit etwas Abstand in die Form setzen. Form mit Frischhaltefolie abgedeckt ca. 30 Min. kalt stellen.

3. Backofen auf 190° (Umluft 175°) vorheizen. 2 EL Butter zerlassen, die Rohrnudeln damit bestreichen und diese dann im vorgeheizten Backofen (Mitte) 15–20 Min. backen.

4. Für die Vanillesauce 4 EL Milch mit Puddingpulver, restlichem Zucker und 1 Prise Salz verrühren. Vanille (s. Seite 19) mit der restlichen Milch und der Sahne aufkochen. Das Puddingpulver zugeben und die Sauce nochmals aufkochen lassen, bis sie leicht andickt. Warm oder kalt zu den Rohrnudeln servieren.

Nährwerte pro Stück:
375 kcal • **5 g** Eiweiß • **16 g** Fett • **51 g** Kohlenhydrate

Schinken-Hefeschnecken

FÜR 18 STÜCK

Für den Teig

480–500 g glutenfreies Mehl, hell
70 g Butter
1 EL Zucker
1/2 TL Salz
1 zerbröckelter Würfel frische Hefe (42 g)
1 Ei (Größe M)
200 ml Buttermilch

Für die Füllung

1 Bund Frühlingszwiebeln
2 EL Olivenöl
150 g gekochter Schinken
150 g frisch geriebener Gouda
Salz, Pfeffer
2 EL Schnittlauchröllchen
Außerdem: glutenfreies Mehl für die Arbeitsfläche; 1 Eigelb und 50 ml Milch zum Bestreichen

ZUBEREITUNG: ca. 45 Min.
RUHEZEIT: ca. 1 Std.
BACKZEIT: ca. 20 Min. pro Blech

1. Das Mehl in eine Schüssel sieben. Alle anderen zimmerwarmen Teigzutaten sowie 25 ml Wasser dazugeben und mit den Knethaken des Handrührgerätes zu einem glatten Hefeteig verarbeiten (s. auch S. 33). Mit den Händen ca. 5 Min. weiterkneten und anschließend ca. 30 Min. bei Zimmertemperatur zugedeckt gehen lassen.

2. In der Zwischenzeit für die Füllung die Frühlingszwiebeln putzen, waschen und in feine Ringe schneiden. 1 EL Olivenöl in einer Pfanne erhitzen und die Frühlingszwiebeln darin 2–3 Min. bei mittlerer Hitze anbraten. Den Schinken in Würfel schneiden, dazugeben und ca. 1 Min. mitbraten. Die Zwiebel-Schinken-Mischung auskühlen lassen. Dann den geriebenen Käse untermischen und die Füllung mit Salz, Pfeffer und Schnittlauch abschmecken.

3. Den Hefeteig nochmals gut durchkneten und auf einer mit glutenfreiem Mehl bestreuten Arbeitsfläche zu einem ca. 1 cm dicken und 30 × 40 cm großen Rechteck ausrollen. Mit dem restlichen Olivenöl bestreichen. Zwiebel-Schinken-Käse-Mischung gleichmäßig bis knapp zum Rand auf dem Teig verteilen. Den noch freien Rand mit Wasser bestreichen, damit die Schnecken später gut zusammenhalten, und die Teigplatte von der hinteren Längsseite her aufrollen.

4. Die Rolle am besten mit einem Wellenschliffmesser in 18 gleich große Scheiben schneiden und diese mit etwas Abstand mit den Schnittflächen auf zwei mit Backpapier belegte Backbleche setzen. Die Teigschnecken mit Frischhaltefolie abdecken und ca. 30 Min. kalt stellen.

5. Den Backofen auf 190° (Umluft 175°) vorheizen. Eigelb und Milch verquirlen, die Schnecken damit bestreichen und im vorgeheizten Backofen (Mitte) nacheinander je 15–20 Min. backen.

Nährwerte pro Stück:
190 kcal • **6 g** Eiweiß • **8 g** Fett • **25 g** Kohlenhydrate

Lothringer Lauchtorte

FÜR 1 SPRINGFORM VON 26 CM Ø (12 STÜCK)

200 g Mehl-Mix B (Schär)
3 Eier (Größe M), Salz
145 g kalte Butter
2 Stangen Lauch (ca. 800 g)
180 ml glutenfreie Fleischbrühe
100 ml trockener Weißwein (z. B. Pinot Grigio; ersatzweise Apfelsaft)
100 g saure Sahne
50 g frisch geriebener Parmesan
Pfeffer
1/4 TL gemahlener Kümmel
frisch geriebene Muskatnuss
Außerdem: Fett und glutenfreies Mehl für die Form

ZUBEREITUNG: ca. 40 Min.
BACKZEIT: ca. 25 Min.

1. Für den Teig den Mehl-Mix in eine Rührschüssel geben. Mit 1 Ei, 2 EL Wasser, 1/2 TL Salz und 120 g Butter zu einem glatten Mürbeteig verkneten (s. S. 35). Den Formboden fetten, mit Mehl bestreuen, den Teig in die Form drücken, dabei eine kleinen Rand formen.

2. Den Backofen auf 225° (Umluft 200°) vorheizen. Für den Belag Lauch putzen, waschen, trocken tupfen und in ca. 1 cm dicke Ringe schneiden.

3. Die restliche Butter in einer Pfanne erhitzen und die Lauchringe darin unter Rühren 2–3 Min. andünsten. Mit Fleischbrühe und Wein ablöschen und alles bei mittlerer bis starker Hitze unter Rühren kochen, bis die Flüssigkeit verdampft ist. Das Gemüse auf dem Teigboden verteilen.

4. In einem hohen Rührgefäß die restlichen Eier mit der sauren Sahne und dem Käse verquirlen. Die Eiersahne mit Salz, Pfeffer, Kümmel und Muskat pikant abschmecken und anschließend über das Gemüse gießen. Die Lauchtorte im vorgeheizten Backofen (unten) ca. 25 Min. backen.

Nährwerte pro Stück:
200 kcal • **4 g** Eiweiß • **13 g** Fett • **17 g** Kohlenhydrate

Reispizza

FÜR 2 PERSONEN

1 Zwiebel, 5 Nelken
200 g Naturreis, Salz
1 TL glutenfreie Instant-Gemüsebrühe
1 Lorbeerblatt
2 Tomaten
1 Gemüsezwiebel
100 g Champignons
1 Knoblauchzehe
2 Scheiben gekochter Schinken
50 g Salami in dünnen Scheiben
1 Ei (Größe M)
1 EL Olivenöl
2 EL Tomatenmark
Pfeffer, 1 TL Pizzagewürz
50 g frisch geriebener Gouda

ZUBEREITUNG: ca. 40 Min.

1. Die Zwiebel schälen und mit den Nelken spicken. Den Reis mit 400 ml Wasser, 1/2 TL Salz, der Gemüsebrühe, der Zwiebel und dem Lorbeerblatt einmal aufkochen lassen. Die Herdplatte ausschalten, den Reis ca. 20 Min. zugedeckt quellen lassen. Zwiebel und Lorbeerblatt entfernen.

2. Die Tomaten waschen und ohne Stielansätze in Scheiben schneiden. Die Gemüsezwiebel schälen, vierteln und quer in dünne Viertelringe schneiden. Die Pilze putzen und in Scheiben schneiden. Knoblauch schälen, fein hacken. Schinken würfeln, Salamischeiben halbieren.

3. Das Ei unter den Reis rühren. Eine Pfanne erhitzen, Öl hineingeben, den gekochten Reis dazugeben und am Pfannenboden festdrücken. Die Reisplatte mit dem Tomatenmark bestreichen und mit Salz, Pfeffer und Pizzagewürz würzen.

4. Tomaten, Gemüsezwiebeln, Champignons, Knoblauch, den Schinken und die Salami darauf verteilen, Gouda aufstreuen.

5. Die Reispizza bei mittlerer Hitze offen 10–12 Min. backen, bis der Reisboden gestockt und der Käse geschmolzen ist.

Nährwerte pro Portion:
730 kcal • **35 g** Eiweiß • **26 g** Fett • **89 g** Kohlenhydrate

Amerikaner

FÜR CA. 20 STÜCK

Für den Teig

150 g weiche Butter
150 g Zucker
1 Päckchen Vanillezucker
Salz
3 Eier (Größe M)
375 g glutenfreies Mehl, hell
1 Päckchen Backpulver
1 Päckchen Sahnepuddingpulver
250 ml Milch, 3,5 % Fett

Für den Guss

125 g Zartbitterkuvertüre
180 g Puderzucker
3–4 EL Zitronensaft

ZUBEREITUNG: ca. 20 Min.
BACKZEIT: 20 Min. pro Blech

1. Ofen auf 180° (Umluft 160°) vorheizen. Butter mit Zucker, Vanillezucker, 1 Prise Salz und Eiern mit den Quirlen des Handrührgerätes schaumig rühren.

2. Mehl mit Backpulver und Puddingpulver mischen. Auf die Butter-Ei-Masse sieben und mit der Milch unterrühren.

3. Den Teig mithilfe eines Eisportionierers mit Abstand in Häufchen auf zwei mit Backpapier belegte Backbleche setzen. Die Amerikaner im vorgeheizten Backofen (Mitte) nacheinander je genau 20 Min. backen, sofort vom Blech nehmen, auskühlen lassen. Sonst werden sie trocken.

4. Für den Guss die Kuvertüre nach Packungsangabe schmelzen, den Puderzucker mit dem Zitronensaft glatt rühren. Die flachen Seiten der Amerikaner je zur Hälfte mit Zuckerguss und mit Kuvertüre bestreichen, dann trocknen lassen.

TIPP

Das Sahnepuddingpulver gibt den Amerikanern den typischen Geschmack. Darum bitte kein Vanillepuddingpulver verwenden.

Nährwerte pro Stück:
255 kcal • **2 g** Eiweiß • **10 g** Fett • **39 g** Kohlenhydrate

Kirschenmichel

FÜR 4–8 PERSONEN

4 glutenfreie Brötchen (à ca. 45 g)
750 ml Milch, 3,5 % Fett
1 Glas Sauerkirschen (360 g Abtropfgewicht)
2 Eier (Größe M), Salz
50 g weiche Butter, 170 g Zucker
1 Päckchen Vanillezucker
Zimtpulver
20 g Mandelblättchen
1/2 Päckchen Vanillepuddingpulver
250 ml Sahne
Mark von 1 Vanilleschote
Außerdem: 4 ofenfeste Förmchen (ca. 15 cm ∅, 6 cm hoch); Fett und glutenfreie Semmelbrösel für die Förmchen

ZUBEREITUNG: ca. 35 Min.
BACKZEIT: ca. 45 Min.

1. Backofen auf 200° (Umluft 180°) vorheizen. Die Brötchen in dünne Scheiben schneiden. 500 ml Milch aufkochen, über die Brötchen gießen und von diesen aufsaugen lassen.

2. Die Sauerkirschen abtropfen lassen. Die Eier trennen. Die Eiweiße mit 1 Prise Salz zu steifem Schnee schlagen, kalt stellen. Butter mit 100 g Zucker, Vanillezucker, 1 Prise Zimt und den Eigelben mit den Quirlen des Handrührgerätes cremig rühren.

3. Brötchen und Sauerkirschen unter die Butter-Eigelb-Masse heben, dann den Eischnee vorsichtig unterziehen.

4. Die Förmchen fetten und mit Semmelbröseln ausstreuen. Die Brötchenmasse einfüllen, mit Mandeln bestreuen. Die Kirschenmichel im vorgeheizten Backofen (Mitte) 35–45 Min. backen.

5. Für die Vanillesauce 4 EL der restlichen Milch mit restlichem Zucker, Puddingpulver und 1 Prise Salz verrühren. Restliche Milch und Sahne mit der Vanille (s. Seite 19) aufkochen. Puddingpulver dazugeben und erneut aufkochen lassen, bis die Sauce leicht andickt. Die Vanillesauce zusammen mit den warmen Kirschenmicheln servieren.

Nährwerte bei 8 Personen pro Portion:
445 kcal • **8 g** Eiweiß • **24 g** Fett • **46 g** Kohlenhydrate

Mohn-Mandel-Muffins

FÜR 12 STÜCK

200 g glutenfreies Mehl, hell
50 g gehackte Mandeln
2 TL Backpulver
1/2 TL Natron
1 Ei (Größe M), 120 g Zucker
1 Päckchen Vanillezucker
225 g glutenfreier Mohn-Marzipan-Joghurt
80 ml Sonnenblumenöl
150 g glutenfreie Mohn-Backmasse (ersatzweise gemahlene Mohnsamen)
180 g Puderzucker
2–3 EL Zitronensaft, 1 EL Rum
Außerdem: 24 Papier-Muffinförmchen

ZUBEREITUNG: ca. 25 Min.
BACKZEIT: ca. 25 Min.

1. Den Backofen auf 200° (Umluft 180°) vorheizen. Mehl, Mandeln, Backpulver und Natron in einer Schüssel mischen.
2. Das Ei mit Zucker und Vanillezucker mit den Quirlen des Handrührgerätes schaumig rühren. Joghurt, Öl und Mohnmasse zugeben und unterrühren. Mehlmischung zugeben und so lange rühren, bis ein geschmeidiger Teig entsteht.
3. Jeweils 2 Papierförmchen ineinanderstellen. Den Teig in die Muffinförmchen füllen. Muffins auf ein Backblech stellen und im vorgeheizten Backofen (Mitte) 20–25 Min. backen.
4. Für die Glasur Puderzucker mit Zitronensaft und Rum glatt rühren und die Oberfläche der Muffins dick mit der Glasur bestreichen. Trocknen lassen.

TIPPS

Muffinteig nicht zu lange rühren, sonst werden die Muffins hart und zäh.

Wenn der Teig zu fest ist, noch etwas Mohn-Marzipan-Joghurt dazugeben.

Nährwerte pro Stück:
315 kcal • **3 g** Eiweiß • **12 g** Fett • **48 g** Kohlenhydrate

Quarkhörnchen

FÜR 8 STÜCK

250 g Mehl-Mix C (Schär)
1/2 Päckchen Backpulver
250 g Quark, 20 % Fett
250 g weiche Butter
Salz
5 EL Kondensmilch
Außerdem: glutenfreies Mehl für die Arbeitsfläche; Fett und glutenfreies Mehl für das Blech

ZUBEREITUNG: ca. 25 Min.
BACKZEIT: ca. 25 Min.

1. Den Backofen auf 180° (Umluft 160°) vorheizen. Den Mehl-Mix in einer Rührschüssel mit dem Backpulver mischen. Den Quark dazugeben und die Butter in Flöckchen mit 1 Msp. Salz darauf verteilen.
2. Alle Zutaten mit den Knethaken des Handrührgerätes zu einem glatten Teig verarbeiten. Den Teig auf einer mit glutenfreiem Mehl bestäubten Arbeitsfläche zu einem Kreis von ca. 30 cm Ø ausrollen. Diesen wie einen Kuchen in acht gleich große Dreiecke schneiden.
3. Jedes Dreieck von der Außenkante zur Spitze hin aufrollen, zu einem Hörnchen biegen und auf ein gefettetes und bemehltes Backblech legen. Die Hörnchen mit Kondensmilch bestreichen und im vorgeheizten Backofen (Mitte) 20–25 Min. backen.

TIPP

Wer keine Kondensmilch verwenden möchte, der verquirlt 1 Ei mit 1 TL Traubenzucker und bestreicht die Hörnchen vor dem Backen gleichmäßig damit.

Nährwerte pro Stück:
405 kcal • **5 g** Eiweiß • **30 g** Fett • **30 g** Kohlenhydrate

Karamell-Kekse

FÜR CA. 50 STÜCK

220–250 g glutenfreies Mehl, hell
30 g Speisestärke
50 g Zucker
195 g weiche Butter
1 Päckchen Vanillezucker
Salz
1 Ei (Größe M)
50 glutenfreie weiche Karamellbonbons
150 g weiße Kuvertüre

ZUBEREITUNG: ca. 40 Min.
RUHEZEIT: ca. 1 Std.
BACKZEIT: ca. 18 Min. pro Blech

1. Mehl und Speisestärke in eine Schüssel sieben. Den Zucker, 175 g Butter, den Vanillezucker, 1/4 TL Salz und das Ei dazugeben und alle Zutaten mit den Knethaken des Handrührgerätes zu einem glatten Teig kneten.

2. Dann den Teig in vier Portionen teilen, jede Teigportion zu einer Rolle von ca. 3 cm Ø formen, mit Frischhaltefolie abdecken und ca. 1 Std. kalt stellen.

3. Den Backofen auf 180° (Umluft 160°) vorheizen. Die Rollen in insgesamt etwa 50 ca. 1/2 cm dicke Scheiben schneiden und mit Abstand auf zwei mit Backpapier belegte Backbleche legen. Die Kekse nacheinander im vorgeheizten Backofen (Mitte) je ca. 10 Min. backen.

4. Je 1 Karamellbonbon auf jeden Keks legen und mit einer Gabel etwas andrücken. Dann die Kekse nochmals je 5–8 Min. backen. Auskühlen lassen.

5. Die Kuvertüre mit der restlichen Butter in einem heißen Wasserbad schmelzen. Eine Gabel in die Kuvertüre tauchen und damit Kuvertürestreifen auf die Kekse ziehen.

Nährwerte pro Stück:
95 kcal • **1 g** Eiweiß • **5 g** Fett • **12 g** Kohlenhydrate

Nugat-Taler

FÜR CA. 40 STÜCK

Für den Teig
220–250 g glutenfreies Mehl, hell
150 g kalte Butter, 75 g Zucker
1 Prise Salz, 1 Ei (Größe M)

Für die Nugatcreme
50 g Zartbitterkuvertüre
125 g Biskin
125 g Nugat (Backregal)
20 ml Rum (nach Belieben)

Für die Glasur
150 g Zartbitterkuvertüre
Außerdem: glutenfreies Mehl für die Arbeitsfläche

ZUBEREITUNG: ca. 25 Min.
RUHEZEIT: ca. 1 Std.
KÜHLZEIT: ca. 4 Std.
BACKZEIT: ca. 12 Min. pro Blech

1. Aus den Teigzutaten einen Mürbeteig herstellen und 1 Std. kühlen (s. S. 35). Wenn der Teig sehr weich ist, noch etwas Mehl unterkneten.

2. Ofen auf 200° (Umluft 180°) vorheizen. Den Teig auf einer mit glutenfreiem Mehl bestäubten Arbeitsfläche ca. 2 mm dick ausrollen, mit einem Glas oder Plätzchenausstecher ca. 40 Kreise von ca. 3 cm Ø ausstechen. Die Teigkreise mit etwas Abstand auf zwei mit Backpapier belegte Backbleche legen und nacheinander im vorgeheizten Backofen (Mitte) je 10–12 Min. hellbraun backen. Erkalten lassen.

3. Für die Nugatcreme Zartbitterkuvertüre in einem heißen Wasserbad schmelzen. Biskin mit den Quirlen des Handrührgerätes cremig rühren, leicht erwärmten Nugat zugeben. Kuvertüre und evtl. den Rum unterrühren. Die Nugatmasse 3–4 Std. kühlen. Dann nochmals kräftig mit den Quirlen des Handrührgerätes aufschlagen. Je zwei Taler mit etwas Nugatcreme zusammenkleben.

4. Für die Glasur die Kuvertüre im heißen Wasserbad schmelzen und die Taler halb hineintauchen. Trocknen lassen.

Nährwerte pro Stück:
130 kcal • **1 g** Eiweiß • **9 g** Fett • **12 g** Kohlenhydrate

Erdnuss-Cookies

FÜR CA. 50 STÜCK

125 g Zucker
125 g brauner Zucker
Salz
125 g weiche Butter
125 g glutenfreie Erdnusscreme, crunchy
1 Ei (Größe M)
Mark von 1 Vanilleschote
220–250 g glutenfreies Mehl, hell
1/2 Päckchen Backpulver

ZUBEREITUNG: ca. 25 Min.
BACKZEIT: ca. 7 Min. pro Blech

1. Backofen auf 180° (Umluft 160°) vorheizen. Zucker, braunen Zucker, 1/2 TL Salz, Butter, Erdnusscreme, Ei und Vanille (s. Seite 19) mit den Quirlen des Handrührgerätes cremig rühren.
2. Das Mehl und das Backpulver auf die Masse sieben und gleichmäßig unterrühren.
3. Mit zwei Teelöffeln den Teig mit etwas Abstand als kleine Häufchen auf zwei mit Backpapier belegte Backbleche setzen. Die Cookies nacheinander im vorgeheizten Backofen (Mitte) je 6–7 Min. backen.

TIPP

Die Löffel nach jedem aufs Blech gesetzten Teighäufchen in eine Schüssel mit kaltem Wasser tauchen, denn der Teig ist sehr zäh.

Nährwerte pro Stück:
74 kcal • **1 g** Eiweiß • **4 g** Fett • **10 g** Kohlenhydrate

Mokkaplätzchen

FÜR CA. 30 STÜCK

Für den Teig

125 g glutenfreies Mehl, hell
1/2 Päckchen Backpulver
40 g gemahlene Mandeln
2 EL Kaffeepulver, 50 g Zucker
1 Päckchen Vanillezucker
Salz, 2 Eigelb
60 g weiche Butter

Für die Garnitur

100 g Puderzucker
20 g Kakaopulver
1 EL Kaffeepulver, 3 EL Rum
150 g glutenfreie Schoko-Mokkabohnen
Außerdem: glutenfreies Mehl für die Arbeitsfläche

ZUBEREITUNG: ca. 35 Min.
RUHEZEIT: ca. 30 Min.
BACKZEIT: ca. 15 Min. pro Blech

1. Mehl und Backpulver in eine Schüssel sieben und mit den Mandeln mischen. Kaffeepulver, Zucker, Vanillezucker, 1 Prise Salz, Eigelbe und die Butter in Flöckchen dazugeben und alle Zutaten mit den Knethaken des Handrührgerätes zu einem Mürbeteig verkneten. Diesen in Frischhaltefolie wickeln und ca. 30 Min. kalt stellen.
2. Den Backofen auf 200° (Umluft 180°) vorheizen. Den Teig auf einer mit glutenfreiem Mehl bestreuten Arbeitsfläche ca. 1/2 cm dick ausrollen, Plätzchen ausstechen und auf zwei mit Backpapier belegte Backbleche setzen. Plätzchen nacheinander im vorgeheizten Backofen (Mitte) je 12–15 Min. backen. Auf einem Kuchengitter erkalten lassen.
3. Für die Garnitur Puderzucker mit Kakao- und Kaffeepulver sowie dem Rum glatt rühren und die Plätzchen damit bestreichen. Je 1 Mokkabohne in die Mitte jedes Plätzchens setzen, leicht andrücken und die Glasur vollständig trocknen lassen.

Nährwerte pro Stück:
95 kcal • **1 g** Eiweiß • **4 g** Fett • **12 g** Kohlenhydrate

Schokowaffeln

FÜR CA. 20 STÜCK

20 Scheiben glutenfreies Waffelbrot
100 g gehackte Haselnüsse
150 g gehackte Mandeln
50 g Vollmilchkuvertüre
125 g Nugat (Backregal)
125 g Biskin
20 ml Mandellikör (ersatzweise Vanillesirup)

ZUBEREITUNG: ca. 25 Min.
KÜHLZEIT: ca. 4 Std.

1. Das Waffelbrot mit einem scharfen Messer in der Mitte durchschneiden.
2. Die gehackten Haselnüsse und die Mandeln nacheinander in einer Pfanne ohne Fett anrösten, erkalten lassen.
3. Für die Creme Kuvertüre in einem heißen Wasserbad schmelzen. Nugat grob hacken, unter die Kuvertüre rühren. Das Biskin mit den Quirlen des Handrührgerätes cremig rühren. Die Kuvertüre-Nugat-Mischung unterrühren. Likör und geröstete gehackte Haselnüsse untermischen. Die Nugatcreme 3–4 Std. kalt stellen.
4. Vor dem Füllen der Waffeln die Nugatcreme nochmals kräftig mit den Quirlen des Handrührgerätes aufschlagen. Jeweils 2 Waffelscheiben mit etwas Nugatmasse zusammenkleben. Die Doppelwaffeln dann rundherum am Rand in die gerösteten gehackten Mandeln drücken.

TIPP

Vorsichtig mit dem Waffelbrot umgehen, es bricht sehr leicht.

Nährwerte pro Stück:
200 kcal • **3 g** Eiweiß • **16 g** Fett • **11 g** Kohlenhydrate

Müslistangen

FÜR CA. 40 STÜCK

450 g Zucker
Salz
50 g Sesamsamen
50 g Sonnenblumenkerne
50 g Pinienkerne
50 g Kürbiskerne
50 g Rosinen
Außerdem: Öl für das Blech

ZUBEREITUNG: ca. 20 Min.
RUHEZEIT: ca. 20 Min.

1. Zucker, 1/2 TL Salz und 8–10 EL Wasser in einem Topf bei mittlerer Hitze zu einem goldgelben Sirup karamellisieren lassen. Sesam, Sonnenblumen-, Pinien- und Kürbiskerne einstreuen und die Masse goldbraun werden lassen.
2. Den Topf vom Herd nehmen und die Rosinen dazugeben. Die Masse auf ein geöltes Backblech gießen und mit einem Messer 3–5 mm dick verstreichen. Den Müsli-Karamell 15–20 Min. abkühlen lassen, danach in ca. 40 gleich große Stangen schneiden.

TIPPS

Die Masse darf vor dem Schneiden nicht ganz fest werden, sonst zerbrechen die Stangen.

Anstelle der Kerne können Sie auch die gleiche Menge glutenfreie Müslimischung verwenden.

Nährwerte pro Stück:
80 kcal • **1 g** Eiweiß • **3 g** Fett • **13 g** Kohlenhydrate

Pralinen

FÜR CA. 45 STÜCK

Für die Trüffelmasse

150 ml Sahne
200 g Zartbitterkuvertüre
200 g Vollmilchkuvertüre
30 g Kokosfett

Für die Orangentrüffel

abgeriebene Schale von 1 Bio-Orange
2 EL Orangenlikör
100 g weiße Kuvertüre

Für die beschwipsten Trüffel

100 g gehackte Mandeln
2 EL Sahnelikör
2 EL Kakaopulver

Für die Kaffeetrüffel

1 EL Kaffeepulver
2 EL Kaffeelikör
15 glutenfreie Schoko-Mokkabohnen

Außerdem: Pralinengabel, Pralinengitter, Pralinen-Förmchen

ZUBEREITUNG: ca. 50 Min.
KÜHLZEIT: über Nacht + 1 Std.

1. Für die Trüffelmasse die Sahne in einem Topf erhitzen. Beide Kuvertüren grob hacken, mit dem Kokosfett dazugeben und alles in der heißen Sahne schmelzen. Die Schokosahne in ein hohes Rührgefäß füllen und über Nacht kalt stellen.
2. Am nächsten Tag die Schokosahne mit den Quirlen des Handrührgerätes steif schlagen. Die Masse dritteln.
3. Für die Orangentrüffel ein Drittel der Trüffelmasse mit der Orangenschale und dem Orangenlikör verrühren, ca. 15 Kugeln daraus formen. Weiße Kuvertüre in einem heißen Wasserbad schmelzen, die Orangentrüffel mit einer Pralinengabel kurz darin eintauchen, auf ein Pralinengitter setzen, fest werden lassen.
4. Für die beschwipsten Trüffel die Mandeln in einer Pfanne ohne Fett anrösten, abkühlen lassen. Ein Drittel der Trüffelmasse mit dem Likör und Mandeln verrühren, ca. 15 Kugeln daraus formen. Das Kakaopulver in ein Schälchen geben, die Sahnetrüffel darin wälzen und dann ca. 1 Std. kalt stellen.
5. Für die Kaffeetrüffel das restliche Drittel der Trüffelmasse mit Kaffeepulver und Kaffeelikör verrühren, ca. 15 Kugeln daraus formen, auf jede Kugel 1 Mokkabohne setzen, andrücken und die Trüffel ca. 1 Std. kalt stellen. Zum Schluss die Pralinen in Pralinen-Förmchen setzen.

VARIANTE

Für ca. 40 Kokostrüffel 300 g gehackte weiße Kuvertüre mit 100 ml Eierlikör und dem Mark von 1 Vanilleschote langsam erhitzen, rühren bis sich die Kuvertüre aufgelöst hat. Masse über Nacht zugedeckt kalt stellen. Am nächsten Tag 100 g Butter mit 50 g Zucker mit den Quirlen des Handrührgerätes schaumig rühren, Kuvertüre unterheben. Trüffelmasse in einen Spritzbeutel füllen und ca. 3 cm große Tupfen auf ein mit Backpapier belegtes Blech spritzen. 200 g Kokosraspeln auf einen Teller geben, die Pralinen darin wälzen, 1 Std. kalt stellen und in Pralinen-Förmchen setzen.

Nährwerte pro Stück:

100 kcal • **1 g** Eiweiß • **7 g** Fett • **7 g** Kohlenhydrate

Osterzopf

FÜR 1 ZOPF (16 SCHEIBEN)

350 g Mehl-Mix B (Schär)
1/2 Würfel frische Hefe (20 g)
80 g Zucker
200 ml lauwarme Milch, 3,5 % Fett
50 g weiche Butter
1 TL Zitronenschale (Fertigprodukt; Backregal) oder abgeriebene Schale von 1 Bio-Zitrone
Mark von 1/2 Vanilleschote
Salz
3 Eier (Größe M)
1 EL Traubenzucker
Außerdem: glutenfreies Mehl für die Arbeitsfläche; Fett und glutenfreies Mehl für das Blech

ZUBEREITUNG: ca. 25 Min.
RUHEZEIT: ca. 75 Min.
BACKZEIT: ca. 25 Min.

1. Den Mehl-Mix in eine Rührschüssel geben, in die Mitte eine Mulde drücken. Hefe zerbröckeln und mit dem Zucker in der Milch auflösen. Die Hefemilch in die Mehlmulde gießen und mit etwas Mehl vom Rand zu einem Vorteig verrühren. Diesen zugedeckt ca. 15 Min. ruhen lassen.
2. Anschließend die weiche Butter mit der Zitronenschale, Vanille (s. Seite 19), 1 Prise Salz und 2 Eiern zum Vorteig geben und alle Zutaten mit den Knethaken des Handrührgerätes zu einem geschmeidigen Teig verarbeiten. Den Teig zugedeckt ca. weitere 30 Min. bei Zimmertemperatur gehen lassen.
3. Den Teig in drei gleich große Portionen teilen. Die Teigportionen auf einer leicht mit glutenfreiem Mehl bestreuten Arbeitsfläche zu drei ca. 30 cm langen gleichmäßigen Rollen formen. Diese zu einem Zopf flechten.
4. Den Zopf vorsichtig auf ein gefettetes und bemehltes Backblech legen und nochmals zugedeckt 20–30 Min. bei Zimmertemperatur gehen lassen.
5. Den Backofen auf 180° (Umluft 160°) vorheizen. Das restliche Ei mit dem Traubenzucker verquirlen und den Zopf gleichmäßig damit bestreichen. Den Zopf im vorgeheizten Backofen (Mitte) in ca. 25 Min. goldgelb backen und frisch verzehren.

Nährwerte pro Scheibe:
153 kcal • **2 g** Eiweiß • **5 g** Fett • **24 g** Kohlenhydrate

Osterhase

FÜR 1 OSTERHASEN-FORM (10 SCHEIBEN)

80 g weiche Butter
100 g Zucker
1 Päckchen Vanillezucker
Salz
2 EL Rum (nach Belieben)
2 Eier (Größe M)
100 g glutenfreies Mehl, hell
1 TL Backpulver
50 g gemahlene Mandeln
1–2 EL Puderzucker
Außerdem: Fett und glutenfreie Semmelbrösel für die Form

ZUBEREITUNG: ca. 20 Min.
BACKZEIT: ca. 45 Min.

1. Den Backofen auf 190° (Umluft 175°) vorheizen. Form gut fetten, mit Semmelbröseln ausstreuen und zusammensetzen.
2. Die Butter mit Zucker, Vanillezucker, 1 Prise Salz, Rum und Eiern mit den Quirlen des Handrührgerätes cremig rühren. Mehl und Backpulver mischen und auf die Butter-Ei-Creme sieben. Mandeln dazugeben und alle drei Zutaten unterrühren. Den Teig in die Backform füllen und dabei 2–3 cm Platz nach oben lassen.
3. Die Form leicht auf die Arbeitsfläche aufstoßen, damit sich der Teig darin gleichmäßig verteilt. Den Osterhasen im vorgeheizten Backofen (unten) 35–45 Min. backen, anschließend noch 10–15 Min. ruhen lassen, dann den Osterhasen vorsichtig aus der Form lösen. Das Gebäck auskühlen lassen.
4. Den Kuchenboden gerade schneiden, damit der Osterhase nicht umfällt. Kuchen mit Puderzucker bestäubt servieren.

TIPPS

Die Form nicht randvoll füllen, sonst läuft der Teig beim Backen über.

Natürlich können Sie von der gleichen Menge Teig auch ein Osterlamm backen, wenn Sie die entsprechende Form dazu haben. Passend zur Osterlamm-Form gibt es auch Backpapier, das das Ausschneiden einer Osterlamm-Figur erleichtert. So können Sie zum Osterlamm beispielsweise auch glutenfreie Osterlamm-Kekse (z. B. aus dem Nugat-Taler-Teig, s. S. 86) backen.

Nährwerte pro Scheibe:

210 kcal • **3 g** Eiweiß • **12 g** Fett • **24 g** Kohlenhydrate

Österlicher Rosinenstuten

FÜR 1 KASTENFORM VON 28 CM LÄNGE (18 SCHEIBEN)

Für den Teig

100 g Rosinen
2 EL Rum (ersatzweise Wasser)
500 g glutenfreies Mehl, hell
70 g weiche Butter
70 g Zucker
1 Päckchen Vanillezucker
1/2 TL Salz
2 zerbröckelte Würfel frische Hefe (à 42 g)
1 Ei (Größe M)
225 ml Milch, 3,5 % Fett
abgeriebene Schale von 1 Bio-Zitrone

Für die Garnitur

20 g Butter
50 g Mandelblättchen
20 g Dekorzucker
Außerdem: Fett und glutenfreie Semmelbrösel für die Form

ZUBEREITUNG: ca. 20 Min.
EINWEICHZEIT: über Nacht
RUHEZEIT: ca. 1 Std.
BACKZEIT: ca. 25 Min.

1. Für den Teig die Rosinen mit dem Rum mischen und über Nacht ziehen lassen.

2. Das Mehl in eine Schüssel sieben. Alle anderen zimmerwarmen Teigzutaten zugeben und mit den Knethaken des Handrührgerätes zu einem glatten Hefeteig verarbeiten. Den Teig mit den Händen ca. 5 Min. weiterkneten, zugedeckt bei Zimmertemperatur ca. 30 Min. gehen lassen.

3. Die Rum-Rosinen zum Teig geben und mit den Händen unterkneten, evtl. muss noch etwas glutenfreies Mehl zugegeben werden.

4. Form fetten und mit Semmelbröseln ausstreuen. Den Teig einfüllen und gleichmäßig in der Form verteilen. Mit Frischhaltefolie abdecken und den Stuten ca. 30 Min. kalt stellen.

5. Den Backofen auf 190° (Umluft 175°) vorheizen. Für die Garnitur die Butter schmelzen. Den Rosinenstuten mit der Butter bestreichen, mit Mandelblättchen und dem Dekorzucker bestreuen und im vorgeheizten Backofen (Mitte) 20–25 Min. backen.

TIPP

Die Rosinen verbrennen leicht. Darum sollten sie nicht an der Oberfläche des Stuten sein, herausstehende Rosinen also gut in den Teig drücken und eine dünne Teigschicht darüberziehen.

VARIANTEN

Für einen Rosinenzopf den Stutenteig wie auf S. 94 beschrieben zum Zopf flechten und backen.

Als originelles Mitbringsel können Sie den Stuten in kleinen Blumentöpfen backen.

Dazu 2 Blumentöpfe von je ca. 18 cm ∅ über Nacht wässern, dann die Böden mit Backpapier auslegen und die Ränder sehr gut fetten. So lässt sich das Gebäck nach dem Backen gut aus den Töpfen lösen. Den Teig einfüllen und die Stuten im vorgeheizten Backofen (unten) bei 190° (Umluft 175°) 15–18 Min. backen.

Nährwerte pro Scheibe:

215 kcal • **3 g** Eiweiß • **7 g** Fett • **33 g** Kohlenhydrate

Vanillekipferl

FÜR CA. 40 STÜCK
250 g glutenfreies Mehl, hell
140 g Zucker
100 g geschälte, gemahlene Mandeln
Salz
Mark von 1 Vanilleschote
200 g weiche Butter
2 Eigelb
1 Päckchen Bourbon-Vanillezucker

ZUBEREITUNG: ca. 25 Min.
RUHEZEIT: ca. 30 Min.
BACKZEIT: ca. 10 Min. pro Blech

1. Das Mehl in eine Schüssel sieben. 90 g Zucker, Mandeln und 1 Prise Salz zugeben und alles mischen.
2. Vanille (s. Seite 19) zur Mehlmischung geben. Die Butter in Flöckchen mit den Eigelben ebenfalls dazugeben und alle Zutaten mit den Knethaken des Handrührgerätes verkneten. Zum Schluss mit den Händen rasch zu einem glatten Teig kneten. Den Teig zu vier Rollen von ca. 3 cm Ø formen, mit Frischhaltefolie bedeckt ca. 30 Min. kalt stellen.
3. Backofen auf 190° (Umluft 170°) vorheizen. Die Teigrollen je in ca. zehn dünne Scheiben schneiden, diese zu Hörnchen formen, auf zwei mit Backpapier belegte Backbleche setzen.
4. Vanillekipferl nacheinander im vorgeheizten Backofen (Mitte) je 8–10 Min. backen. In einer Schüssel den restlichen Zucker mit dem Vanillezucker mischen und die Kipferl noch warm vorsichtig darin wälzen.

TIPP

Für Vanillekipferl sollten Sie unbedingt dem Aroma zuliebe echte Vanille verwenden.

Nährwerte pro Stück:
95 kcal • **1 g** Eiweiß • **6 g** Fett • **9 g** Kohlenhydrate

Napoleon-Hütchen

FÜR CA. 40 STÜCK

Für den Teig
250 g glutenfreies Mehl, hell
125 g Zucker, 1 Prise Salz
125 g kalte Butter
3 Eigelb, 1–2 EL saure Sahne

Für die Füllung
2 Eiweiß, Salz
80 g Puderzucker
125 g gemahlene Mandeln
abgeriebene Schale von 1 Bio-Zitrone

Für die Glasur
100 g Zartbitterkuvertüre
Außerdem: glutenfreies Mehl für die Arbeitsfläche

ZUBEREITUNG: ca. 45 Min.
RUHEZEIT: ca. 30 Min.
BACKZEIT: ca. 10 Min. pro Blech

1. Aus allen Teigzutaten einen Mürbeteig herstellen (s. S. 35) und diesen in Frischhaltefolie gewickelt ca. 30 Min. kalt stellen.
2. Inzwischen für die Füllung die Eiweiße mit 1 Prise Salz und dem Puderzucker zu steifem Schnee schlagen. Mandeln und Zitronenschale unterheben. Eischnee in einen Spritzbeutel mit schmaler Tülle füllen, beiseitelegen.
3. Ofen auf 190° (Umluft 170°) vorheizen. Teig auf einer mit glutenfreiem Mehl bestreuten Arbeitsfläche ca. 2 mm dick ausrollen und daraus ca. 40 Kreise von ca. 4 cm Ø ausstechen. In die Mitte jedes Kreises mit dem Spritzbeutel einen Tupfen Baiser setzen. Die Plätzchen in die Hand nehmen und von unten drei Seiten einschlagen, sodass sie die Form eines Napoleon-Hütchens erhalten.
4. Die Plätzchen auf zwei mit Backpapier belegte Backbleche setzen und nacheinander im vorgeheizten Backofen (Mitte) je 8–10 Min. backen.
5. Für die Glasur die Kuvertüre im heißen Wasserbad schmelzen, eine Gabel darin eintauchen und mit ihr Kuvertürestreifen über die Plätzchen ziehen.

Nährwerte pro Portion:
105 kcal • **1 g** Eiweiß • **6 g** Fett • **12 g** Kohlenhydrate

Zimtsterne

FÜR CA. 60 STÜCK

Für den Teig

2 Eiweiß
150 g Puderzucker
abgeriebene Schale von 1/2 Bio-Zitrone
1/2 EL Zimtpulver, Salz
300 g gemahlene Mandeln

Für die Glasur

1 Eiweiß (Größe S), Salz
100 g Puderzucker

ZUBEREITUNG: ca. 1 Std.
RUHEZEIT: ca. 1 Std.
BACKZEIT: ca. 20 Min. pro Blech

1. Den Backofen auf 140° (Umluft 120°) vorheizen. Für den Teig die Eiweiße mit dem Puderzucker zu steifem Schnee schlagen. Die Zitronenschale, Zimt, 1 Prise Salz und 250 g Mandeln unterheben, ca. 1 Std. kalt stellen.
2. Den Teig zwischen zwei Lagen Frischhaltefolie (die untere Folie mit den restlichen Mandeln bestreuen) auf einer Arbeitsfläche ca. 1/2 cm dick ausrollen. Aus der Teigplatte ca. 60 Sterne ausstechen und mit einer Palette (Vorsicht, der Teig ist sehr weich!) auf zwei mit Backpapier belegte Backbleche setzen. Den Plätzchenausstecher jedes Mal in Puderzucker tauchen.
3. Für die Glasur das Eiweiß mit 1 Prise Salz und Puderzucker zu steifem Schnee schlagen und die Sterne damit bestreichen.
4. Zimtsterne nacheinander im vorgeheizten Backofen (Mitte) je ca. 20 Min. backen. Dabei ein leeres Blech eine Schiene darüber einschieben, damit die Plätzchen hell bleiben.

Nährwerte pro Stück:
90 kcal • **2 g** Eiweiß • **5 g** Fett • **10 g** Kohlenhydrate

Edle Kokoshäufchen

FÜR CA. 20 STÜCK

70 g weiche Butter
80 g Zucker
1 Ei (Größe M)
4 Tropfen Bittermandelaroma
1 Päckchen Vanillezucker
80 g heller Mehl-Mix (Hammermühle)
Zimtpulver
1 TL Backpulver
100 g Kokosraspel

ZUBEREITUNG: ca. 25 Min.
BACKZEIT: ca. 18 Min.

1. Die Butter mit den Quirlen des Handrührgerätes cremig rühren. Den Zucker langsam einrieseln lassen und weiterrühren, bis eine weißliche Masse entstanden ist.
2. Zuerst das Ei, anschließend Bittermandelaroma und den Vanillezucker dazugeben und alle drei Zutaten unterrühren.
3. Mehl-Mix, 1 Prise Zimt und das Backpulver auf die Masse geben und mit den Quirlen des Handrührgerätes rasch unterrühren. Zum Schluss die Kokosraspel unter den Teig heben.
4. Ofen auf 190° (Umluft 175°) vorheizen. Mit zwei nassen Teelöffeln 20 kleine Teighäufchen gleichmäßig auf ein mit Backpapier belegtes Blech setzen und diese im vorgeheizten Backofen (Mitte) 15–18 Min. backen. Die Häufchen dann sofort vom Blech nehmen und auf einem Kuchengitter auskühlen lassen.

TIPP

Sie können die Kokoshäufchen auch mit einer Gebäckspritze oder einem Spritzbeutel mit großer Sterntülle aufs Blech spritzen.

Nährwerte pro Stück:
95 kcal • **1 g** Eiweiß • **6 g** Fett • **8 g** Kohlenhydrate

Tante Sofies Nussecken

FÜR CA. 40 STÜCK

Für den Teig

300 g glutenfreies Mehl, hell
1 TL Backpulver, 130 g Zucker
2 Päckchen Vanillezucker
2 Eier (Größe M)
130 g kalte Butter

Für den Belag

4 EL Aprikosenkonfitüre
200 g Butter, 200 g Zucker
2 Päckchen Vanillezucker
200 g gemahlene Haselnüsse
200 g gehackte Haselnüsse

Für die Glasur

150 g Zartbitterkuvertüre

ZUBEREITUNG: ca. 40 Min.
RUHEZEIT: ca. 30 Min.
BACKZEIT: ca. 30 Min.

1. Aus Mehl, Backpulver, dem Zucker, Vanillezucker, Eiern und Butter in Flöckchen einen Mürbeteig herstellen (s. S. 35). Diesen in Frischhaltefolie gewickelt ca. 30 Min. kalt stellen.
2. Ofen auf 190° (Umluft 175°) vorheizen. Den Teig auf einem mit Backpapier belegten Backblech auf Blechgröße ausrollen.
3. Für den Belag Teig mit der Aprikosenkonfitüre bestreichen. Butter, Zucker, Vanillezucker und 4 EL Wasser in einem Topf erhitzen und einmal aufkochen lassen. Gemahlene und gehackte Haselnüsse unterrühren und die Nussmasse gleichmäßig auf dem Teig verteilen.
4. Teigplatte im vorgeheizten Backofen (Mitte) 25–30 Min. backen, dann herausnehmen. Teigplatte etwas abkühlen lassen, in ca. 4 × 4 cm große Quadrate schneiden und diese nochmals diagonal teilen.
5. Für die Glasur die Kuvertüre nach Packungsangabe in einem heißen Wasserbad schmelzen und je zwei Ecken der Dreiecke darin eintauchen.

Nährwerte pro Stück:
220 kcal • **2 g** Eiweiß • **15 g** Fett • **19 g** Kohlenhydrate

Ingwerkugeln

FÜR CA. 30 STÜCK

60 g Kokosfett
1 Päckchen Vanillezucker
65 g Zucker
2 EL Kakaopulver
150 g gemahlene Mandeln
2 EL Grand Marnier (ersatzweise Acerolasaft)
50 g fein gewürfelter kandierter Ingwer
50 g fein gewürfeltes Orangeat
80 g Haselnuss-Krokant
4 EL Hagelzucker

ZUBEREITUNG: ca. 30 Min.

1. In einem kleinen Topf das Kokosfett schmelzen und mit dem Vanillezucker und dem Zucker mit den Quirlen des Handrührgerätes schaumig rühren.
2. Kakao, Mandeln, Grand Marnier, Ingwer- und Orangeatwürfel sowie den Krokant unter die Fett-Zucker-Mischung rühren. Die Masse etwas abkühlen lassen, dann zu ca. 30 Kugeln von ca. 2 cm Ø formen.
3. Den Hagelzucker auf einen flachen Teller geben, Kugeln darin wälzen. Anschließend trocknen lassen.

Nährwerte pro Stück:
90 kcal • **1 g** Eiweiß • **5 g** Fett • **10 g** Kohlenhydrate

Mandelhörnchen

FÜR CA. 30 STÜCK

Für den Teig

500 g Marzipanrohmasse
2 Eiweiß
250 g Puderzucker
Salz
abgeriebene Schale von 1 Bio-Zitrone
1 Fläschchen Bittermandelaroma (Backregal)
400 g Mandelblättchen

Für die Glasur

150 g Zartbitterkuvertüre

ZUBEREITUNG: ca. 15 Min.
RUHEZEIT: ca. 30 Min.
BACKZEIT: ca. 10 Min. pro Blech

1. Für den Teig Marzipan, Eiweiße, Puderzucker, 1 Prise Salz, Zitronenschale und Bittermandelaroma mit den Knethaken des Handrührgerätes gut verkneten. Teig in Frischhaltefolie gewickelt ca. 30 Min. kalt stellen.
2. Backofen auf 190° (Umluft 175°) vorheizen. Die Mandelblättchen gleichmäßig auf die Arbeitsfläche streuen.
3. Teig in 30 Portionen teilen und daraus Hörnchen formen. Die Hörnchen rundum in die Mandelblättchen drücken, auf zwei mit Backpapier belegte Backbleche setzen. Nacheinander im vorgeheizten Backofen (Mitte) je 8–10 Min. backen.
4. Für die Glasur die Kuvertüre in einem heißen Wasserbad schmelzen und die Hörnchen mit den Enden darin eintauchen. Trocknen lassen.

TIPP

Die Hörnchen dürfen nicht zu dunkel gebacken werden, sonst trocknen sie aus und werden hart.

INFO

Kleine Zuckerkunde:
Raffinade bezeichnet den normalen haushaltsüblichen Kristallzucker. Wenn Raffinade besonders fein gemahlen und ausgesiebt wird, erhält sie den Zusatz »extra fein«.
Superfein gemahlene Raffinade finden Sie als »Puderzucker« im Backregal. Er ist ein leicht löslicher Zucker, der sich für feine Gebäcke besser eignet als normaler Haushaltszucker.
Hagelzucker ist grobkörniger Zucker, der sich aus einer Vielzahl von kleinen zusammenhängenden Kristallen zusammensetzt. Er eignet sich zum Bestreuen und zur Dekoration von Gebäck.

Nährwerte pro Stück:

205 kcal • **4 g** Eiweiß • **11 g** Fett • **23 g** Kohlenhydrate

Stollen

FÜR 1 STOLLEN (18 SCHEIBEN)

Für den Teig

200 g Rosinen
125 g Mandelstifte
6 EL Rum (ersatzweise 1/2 Fläschchen Rumaroma + 5–6 EL Wasser)
500 g glutenfreies Mehl, hell
75 g Zucker
Salz
2 Würfel frische Hefe (à 42 g)
125 g Butter
50 g Schweineschmalz
125 ml Milch, 3,5 % Fett

Für die Zuckerhülle

125 g Butter
150 g Puderzucker
1 Päckchen Vanillezucker

ZUBEREITUNG: ca. 40 Min.
EINWEICHZEIT: über Nacht
RUHEZEIT: ca. 105 Min.
BACKZEIT: ca. 55 Min.

1. Für den Teig Rosinen, Mandelstifte und Rum miteinander vermischen und über Nacht durchziehen lassen.

2. Das Mehl in eine Schüssel sieben. Zucker, 1 Prise Salz und zerbröckelte Hefe zugeben. Butter, Schweineschmalz und Milch in einen Topf geben, lauwarm erhitzen und zur Mehlmischung geben. Alle Zutaten mit den Knethaken des Handrührgerätes verkneten, am Schluss ca. 5 Min. mit den Händen nochmals durchkneten. Den Hefeteig bei Zimmertemperatur zugedeckt ca. 45 Min. gehen lassen.

3. Rosinen-Mandel-Mischung unter den Teig kneten und den Teig erneut ca. 30 Min. zugedeckt gehen lassen. Nochmals kräftig mit den Händen kneten, evtl. muss noch etwas Mehl eingearbeitet werden.

4. Den Teig zu einem Stollen formen und auf ein mit Backpapier belegtes Backblech legen. Darauf achten, dass die Rosinen nicht direkt an der Oberfläche sind, sie verbrennen leicht (s. Tipp S. 98). Den Stollen zugedeckt ca. weitere 30 Min. bei Zimmertemperatur gehen lassen. Den Backofen auf 190° (Umluft 175°) vorheizen und den Stollen darin (Mitte) 45–55 Min. backen.

5. Für die Zuckerhülle Butter erhitzen, Puderzucker mit Vanillezucker mischen. Den Stollen im Wechsel mit Butter bestreichen und mit der Zuckermischung bestäuben. Einziehen lassen. Diesen Vorgang zwei- bis dreimal wiederholen.

6. Den ausgekühlten Stollen zuerst in Frischhaltefolie, dann in Alufolie wickeln und vor dem Servieren noch mal kräftig mit Puderzucker bestäuben.

TIPP

Die Rosinen nach dem Einweichen abtropfen lassen und gut mit glutenfreiem Mehl bestäuben, da sie sonst im Teig absinken können.

Nährwerte pro Scheibe:

360 kcal • **3 g** Eiweiß • **19 g** Fett • **44 g** Kohlenhydrate

Bratapfelkuchen

FÜR 1 SPRINGFORM VON 26 CM Ø (12 STÜCK)

Für den Teig

250 g glutenfreies Mehl, hell
1/2 Päckchen Backpulver
100 g Zucker, 1 Ei (Größe M)
Salz, 150 g weiche Butter

Für die Füllung

8–9 kleine Äpfel (z. B. Boskop)
Saft von 1 Zitrone
50 g gehackte Mandeln
200 g Marzipanrohmasse
4 EL Rum (ersatzweise 1/2 Fläschchen Rumaroma + 5–6 EL Wasser)
20 g gemahlene Mandeln

Für den Guss

1 Päckchen Vanillepuddingpulver
750 ml Sahne, 100 g Zucker
1 Päckchen Vanillezucker

Für die Garnitur

50 g Mandelblättchen
1–2 EL Puderzucker
Außerdem: Auflaufform (ca. 20 × 30 cm); Fett und glutenfreie Semmelbrösel für die Formen; glutenfreies Mehl für die Arbeitsfläche

ZUBEREITUNG: ca. 40 Min.
RUHEZEIT: ca. 30 Min.
BACKZEIT: ca. 90 Min.

1. Für den Teig Mehl mit Backpulver mischen und in eine Schüssel sieben. Zucker, Ei, 1 Prise Salz und die Butter in Flöckchen dazugeben. Alle Zutaten mit den Knethaken des Handrührgerätes verkneten, zum Schluss mit den Händen zu einem glatten Mürbeteig verkneten. Den Teig in Frischhaltefolie gewickelt ca. 30 Min. kalt stellen.

2. Für die Füllung die Äpfel schälen, Kerngehäuse mit einem Apfelausstecher entfernen und die Äpfel in eine Schüssel mit Zitronenwasser geben.

3. Gehackte Mandeln in einer Pfanne ohne Fett anrösten, abkühlen lassen. Das Marzipan in kleine Stücke schneiden, mit dem Rum und den gerösteten Mandeln verkneten.

4. Den Backofen auf 200° (Umluft 180°) vorheizen. Die Auflaufform fetten. Die Äpfel abtropfen lassen, mit der Marzipanmasse füllen und in die Form setzen. Im vorgeheizten Backofen (Mitte) ca. 12 Min. braten, etwas auskühlen lassen.

5. Springform fetten und mit Semmelbröseln ausstreuen.

6. Den Teig auf einer mit glutenfreiem Mehl bestäubten Arbeitsfläche ca. 4 cm größer als die Form ausrollen, in die Form drücken, dabei einen hohen Rand formen und den Boden mit einer Gabel mehrfach einstechen. Die gemahlenen Mandeln daraufstreuen. Äpfel von der Mitte aus auf den Teigboden setzen.

7. Ofentemperatur auf 170° (Umluft 150°) reduzieren. Für den Guss Puddingpulver mit 100 ml Sahne, dem Zucker und dem Vanillezucker verrühren. Restliche Sahne aufkochen, Puddingpulver unter Rühren zufügen, erneut aufkochen und eindicken lassen. Den Pudding gleichmäßig über den Äpfeln verteilen. Den Kuchen im vorgeheizten Backofen (Mitte) 75–90 Min. backen. Über Nacht in der Form auskühlen lassen.

8. Mandelblättchen in einer Pfanne ohne Fett anrösten. Vor dem Servieren über den Kuchen streuen und diesen mit Puderzucker bestäuben.

Nährwerte pro Stück:

635 kcal • **6 g** Eiweiß • **40 g** Fett • **64 g** Kohlenhydrate

Traum-Makronen

FÜR CA. 18 STÜCK
2 Eiweiß
1 TL Zitronensaft
150 g Zucker
160 g gemahlene Mandeln
ca. 18 glutenfreie Oblaten (à 3 cm ∅)

ZUBEREITUNG: ca. 20 Min.
RUHEZEIT: über Nacht
BACKZEIT: ca. 40 Min.

1. Die Eiweiße mit dem Zitronensaft und dem Zucker zu steifem Schnee schlagen, bis die Masse Spitzen zieht. Dann die Mandeln rasch unterheben.
2. Ein kaltes Backblech mit Backpapier belegen und die Oblaten darauf verteilen. Mit zwei Teelöffeln Mandelbaiser-Häufchen auf die Oblaten setzen und über Nacht stehen lassen.
3. Am nächsten Tag den Ofen auf 170° (Umluft 150°) vorheizen und die Makronen darin (Mitte) ca. 40 Min. bei leicht geöffneter Backofentür trocknen lassen.

MAKRONENVIELFALT

Für Schokoladenmakronen mit den Mandeln 50 g geriebene Schokolade unter den Eischnee geben.

Für Nikolausmakronen zu den links genannten Zutaten je 1 Prise Nelkenpulver und Lebkuchengewürz sowie 1 TL gehacktes Orangeat geben.

Für Grüne Männchen anstatt der Mandeln Pistazien verwenden. Wichtig ist aber, dass die Pistazien fein genug gemahlen (Küchenmaschine) oder wirklich sehr fein gehackt werden.

Nährwerte pro Stück:
95 kcal • **2 g** Eiweiß • **5 g** Fett • **11 g** Kohlenhydrate

Florentiner

FÜR CA. 40 STÜCK
240 g Zucker
100 g Marzipanrohmasse
100 g fein gehacktes Zitronat
100 g weiche Butter
50 g Speisestärke
200 ml Sahne
200 g Mandelblättchen
200 g Zartbitterkuvertüre

ZUBEREITUNG: ca. 35 Min.
RUHEZEIT: über Nacht
BACKZEIT: ca. 15 Min. pro Blech

1. Zucker, Marzipan, Zitronat, Butter, Speisestärke und Sahne in einen Topf geben, gründlich verrühren und aufkochen. Die Mandelblättchen vorsichtig unterheben und die Masse vollständig auskühlen lassen.
2. Mit nassen Händen aus der kalten Masse ca. 40 Kugeln von ca. 3 cm ∅ formen, auf zwei mit Backpapier belegte Backbleche geben und flach drücken. Die Kugeln über Nacht stehen lassen.
3. Am nächsten Tag den Backofen auf 170° (Umluft 150°) vorheizen und die Florentiner darin nacheinander jeweils 10–15 Min. backen.
4. Die Kuvertüre nach Packungsangabe schmelzen. Florentiner jeweils auf der Unterseite damit bestreichen, auf einem Kuchengitter trocknen lassen.

TIPP

Florentiner lassen sich wunderbar für den Vorrat einfrieren.

Nährwerte pro Stück:
140 kcal • **2 g** Eiweiß • **8 g** Fett • **14 g** Kohlenhydrate

Lebkuchen-Tiramisu

FÜR 8–10 PERSONEN

Für die Lebkuchen

125 g gehackte Mandeln
250 g Zucker, 3 Eier (Größe M)
1 TL Zimtpulver
1 TL Lebkuchengewürz
Nelkenpulver
2 EL Rum (nach Belieben)
250 g flüssiger Honig
125 g weiche Butter
450–480 g glutenfreies Mehl, hell
1 Päckchen Backpulver

Für den Glühwein

300 ml Rotwein
1 TL Zimtpulver
1 Päckchen Glühweingewürz

Für die Creme

1 Päckchen Sahnepuddingpulver
100 g Zucker
500 ml Milch, 1,5 % Fett
200 ml Sahne
400 g Mascarpone (italienischer Frischkäse)
Mark von 1 Vanilleschote
Außerdem: Auflaufform (ca. 20 × 30 cm); 2–3 EL Kakaopulver zum Bestäuben

ZUBEREITUNG: ca. 70 Min.
ABKÜHLZEIT: ca. 90 Min.
KÜHLZEIT: ca. 2 Std.
BACKZEIT: ca. 30 Min.

1. Den Backofen auf 200° (Umluft 180°) vorheizen. Für die Lebkuchen gehackte Mandeln und 50 g Zucker in einer Pfanne bei mittlerer Hitze karamellisieren und etwas abkühlen lassen.
2. Den restlichen Zucker und die Eier mit den Quirlen des Handrührgerätes schaumig rühren. Zimt und Lebkuchengewürz, 1 Msp. Nelken, evtl. Rum, Honig und die Butter in Flöckchen unter die Eiercreme rühren. Karamellisierte Mandeln dazugeben.
3. Mehl mit Backpulver mischen, auf den Teig sieben und mit den Knethaken des Handrührgerätes unterarbeiten. Es entsteht ein sehr kompakter, fester Teig.
4. Den Lebkuchenteig auf ein mit Backpapier belegtes Backblech streichen, im vorgeheizten Backofen (Mitte) ca. 30 Min. backen. Auskühlen lassen.
5. Für den Glühwein Rotwein mit Zimt und Glühweingewürz in einen Topf geben, aufkochen und abkühlen lassen.
6. Für die Creme Puddingpulver mit 50 g Zucker und 6 EL Milch verrühren. Restliche Milch aufkochen, Puddingpulver einrühren, aufkochen und eindicken lassen. Den Pudding kalt stellen, dann mit dem Pürierstab aufmixen.
7. Die Sahne steif schlagen und kalt stellen. Mascarpone mit dem restlichen Zucker cremig rühren. Das Vanillemark (s. Seite 19) und den kalten Pudding unterrühren. Zum Schluss die geschlagene Sahne unterheben.
8. Lebkuchenplatte in Stücke schneiden. Die Hälfte der Lebkuchen in die Form legen und mit der Hälfte des Glühweins tränken. Die Hälfte der Mascarpone-Creme daraufstreichen, diese Schichtung wiederholen. Das Tiramisu ca. 2 Std. kalt stellen. Vor dem Servieren mit Kakaopulver bestäuben.

Nährwerte bei 10 Personen pro Portion:
915 kcal • **10 g** Eiweiß • **46 g** Fett • **107 g** Kohlenhydrate

Krapfen

FÜR CA. 15 STÜCK
250 ml Milch, 3,5 % Fett
125 g Butter
Salz
100 g Zucker
1 Päckchen Vanillezucker
150–180 g glutenfreies Mehl, hell
3–4 Eier (Größe M)
250 ml Öl

ZUBEREITUNG: ca. 40 Min.

1. Milch, Butter, 1 Prise Salz, 50 g Zucker und Vanillezucker in einen Topf geben und aufkochen. Mehl auf einmal dazugeben und ständig rühren, bis sich der Teig vom Topfboden löst und dort eine weiße Schicht zurücklässt.
2. Jedes Ei einzeln unterrühren und wieder so lange rühren, bis sich der Teig vom Topfboden löst.
3. Das Öl in einem kleinen Topf erhitzen, mit zwei Esslöffeln vom Teig ca. 15 Krapfen abstechen und diese portionsweise im Öl bei starker Hitze ca. 6 Min. leicht braun frittieren.
4. Krapfen mit einem Schaumlöffel herausheben. Den restlichen Zucker auf einen Teller geben und die heißen Krapfen darin wälzen.

TIPP

Der Teig eignet sich auch für Windbeutel. Dafür den Teig in einen Spritzbeutel mit großer Sterntülle geben und kleine Teighäufchen auf ein mit Backpapier belegtes Backblech spritzen. Im vorgeheizten Backofen (Mitte) 10–12 Min. bei 190° (Umluft 175°) backen. Dann abkühlen lassen. Die Windbeutel mit einer Küchenschere aufschneiden und beliebig füllen (s. auch S. 30).

Nährwerte pro Stück:
190 kcal • **3 g** Eiweiß • **12 g** Fett • **18 g** Kohlenhydrate

Quarkkeulchen

FÜR 15 STÜCK
500 g gekochte Kartoffeln vom Vortag
300–350 g Magerquark
150 g glutenfreies Mehl, hell
100 g Zucker
2 Eier (Größe M)
1 Päckchen Vanillezucker
Salz
abgeriebene Schale von 1 Bio-Zitrone
50 g Rosinen
50 g gemahlene Mandeln
2–3 EL Rapsöl
1 TL Zimtpulver

ZUBEREITUNG: ca. 35 Min.

1. Kartoffeln pellen und durch eine Kartoffelpresse drücken. Mit Quark, Mehl, 50 g Zucker, Eiern, Vanillezucker, 1 Prise Salz und Zitronenschale zu einem Teig verkneten. Der Teig darf nicht zu weich sein, sonst noch etwas glutenfreies Mehl zufügen. Zum Schluss Rosinen unterkneten.
2. Aus dem Teig zwei Rollen von ca. 4 cm Ø formen und in 15 ca. 1 1/2 cm dicke Scheiben schneiden. Die Quarkkeulchen in den gemahlenen Mandeln wälzen.
3. In einer Pfanne das Rapsöl erhitzen und die Quarkkeulchen darin bei mittlerer Hitze pro Seite in je ca. 3 Min. goldgelb braten. Das Zimtpulver mit dem restlichen Zucker mischen und die Quarkkeulchen damit bestreuen.

UND DAZU?

Die Quarkkeulchen mit Apfelmus oder Fruchtgrütze servieren.

Nährwerte pro Portion:
160 kcal • **6 g** Eiweiß • **5 g** Fett • **23 g** Kohlenhydrate

Marillenknödel

FÜR 12 STÜCK

1 Würfel frische Hefe (42 g)
250 ml lauwarme Milch, 3,5 % Fett
100 g Zucker
500 g glutenfreies Mehl, hell
1 Ei (Größe M)
Salz
300 g weiche Butter
12 Aprikosen
12 Stück Würfelzucker
250 g glutenfreie Semmelbrösel

ZUBEREITUNG: ca. 40 Min.
RUHEZEIT: ca. 45 Min.

1. Die Hefe zerbröckeln, in der Milch mit 2 TL Zucker auflösen. Mehl in eine Schüssel sieben, eine Mulde in die Mitte drücken. Hefemilch hineingießen, mit etwas Mehl vom Rand zu einem Vorteig verrühren, ca. 15 Min. ruhen lassen. Ei, 1 Prise Salz und 125 g weiche Butter dazugeben und alle Zutaten zu einem glatten Teig verkneten. Mit Mehl bestäuben und dann zugedeckt 30–45 Min. gehen lassen.

2. Die Aprikosen waschen, halbieren, entsteinen. In jeweils eine Hälfte 1 Stück Würfelzucker geben und die andere Hälfte darüberlegen. Den Teig in zwölf Portionen teilen und um jede Aprikose eine Teigportion geben. Gut verschließen und zu einem Knödel formen.

3. Knödel in siedendem Wasser je ca. 4 Min. pro Seite offen gar ziehen lassen. Herausheben und sofort mit einer Gabel von beiden Seiten einstechen.

4. 125 g Butter in einer Pfanne zerlassen, Semmelbrösel darin bräunen. Abkühlen lassen, den restlichen Zucker untermischen. Die Knödel mit Bröseln bestreuen und mit restlicher zerlassener Butter übergießen.

Nährwerte pro Stück:

485 kcal • **4 g** Eiweiß • **23 g** Fett • **65 g** Kohlenhydrate

Maisgrießauflauf

FÜR 4 PERSONEN

1,1 l Milch, 3,5 % Fett
40 g Butter
1 Päckchen Vanillezucker
Salz, 1 TL Zimtpulver
150–170 g Maisgrieß
4 Eier (Größe M)
120 g Zucker
abgeriebene Schale von 1 Bio-Zitrone
50 g Butter
100 ml Sahne
Außerdem: Auflaufform (ca. 30 × 40 cm); Fett und glutenfreie Semmelbrösel für die Form

ZUBEREITUNG: ca. 20 Min.
BACKZEIT: ca. 1 Std.

1. Für den Auflauf 1 l Milch mit Butter, Vanillezucker, 1 Prise Salz und dem Zimt in einem Topf aufkochen. Maisgrieß einrühren und unter ständigem Rühren bei schwacher Hitze 3–5 Min. sanft kochen lassen. Abkühlen lassen.

2. Die Eier trennen. Eiweiße mit 1 Prise Salz zu steifem Schnee schlagen und kalt stellen. Eigelbe und Zucker mit den Quirlen des Handrührgerätes schaumig rühren. Zitronenschale zugeben. Den abgekühlten Grießbrei löffelweise unter die Eiercreme rühren. Zum Schluss vorsichtig den Eischnee unterheben.

3. Backofen auf 200° (Umluft 180°) vorheizen. Die Auflaufform fetten und mit Semmelbröseln ausstreuen. Die Grießmasse einfüllen und gleichmäßig verteilen. Butter in Flöckchen darauf verteilen und den Auflauf im vorgeheizten Backofen (Mitte) ca. 1 Std. backen.

4. Sahne und restliche Milch in einem Topf zum Kochen bringen und sofort über den fertigen Auflauf geben. Er saugt sich damit voll und wird dadurch saftig. Den Auflauf vor dem Servieren noch ca. 10 Min. stehen lassen. Dazu passt Rote Grütze.

Nährwerte pro Portion:
820 kcal • **20 g** Eiweiß • **45 g** Fett • **69 g** Kohlenhydrate

Fladenbrot

FÜR 1 BROT (20 STÜCK)

1 Würfel frische Hefe (42 g)
500 g glutenfreies Mehl, hell
250 g Quark, 20 % Fett
1 TL Meersalz
2 EL Olivenöl
3–4 EL Sesamsamen

ZUBEREITUNG: ca. 20 Min.
RUHEZEIT: ca. 45 Min.
BACKZEIT: ca. 25 Min.

1. Hefe zerbröckeln und in 300 ml lauwarmem Wasser auflösen. Das Mehl in eine Schüssel sieben. Quark, Hefewasser und Meersalz zugeben und alles mit den Knethaken des Handrührgerätes zu einem gleichmäßig glatten Teig verarbeiten.

2. Teig auf ein mit Backpapier belegtes Backblech geben und glatt streichen, mit etwas Mehl bestäuben und ca. 45 Min. bei Zimmertemperatur zugedeckt gehen lassen.

3. Den Backofen auf 220° (Umluft 200°) vorheizen. Den Teig mit Olivenöl bestreichen und mit Sesam bestreuen. Das Fladenbrot im vorgeheizten Ofen (Mitte) ca. 25 Min. backen.

VARIANTE

Für einen Knoblauchfladen 1 Knoblauchzehe schälen und fein würfeln. 20 g Butter in einer Pfanne erhitzen und den Knoblauch darin goldgelb anbraten. Den Fladen mit der Knoblauchbutter bestreichen und wie oben beschrieben backen.

Nährwerte pro Stück:
125 kcal • **3 g** Eiweiß • **3 g** Fett • **21 g** Kohlenhydrate

Übersicht über Mehlmischungen

und deren bevorzugte Verwendung

Hersteller	Produkt	Zutaten	Bevorzugte Verwendung
3 Pauly	Helle Mehlmischung	Reismehl, Reisquellmehl, Kartoffelstärke, Maismehl	Universalmehlmischung für helle Back- und Kochzubereitungen
Glutano	Glutano Mix it	Reismehl, Kartoffelstärke, Zucker, Verdickungsmittel (E 464, Johannisbrotkernmehl), Salz, Emulgator (E 471)	Universalmehlmischung für alle Back- und Kochzubereitungen
Hammermühle	Mehl-Mix hell	Kartoffelstärke, Maisstärke, Maismehl, Reismehl, Verdickungsmittel (Guarkernmehl)	Universalmehlmischung für alle Back- und Kochzubereitungen
Hammermühle	Mehl-Mix plus	Kartoffelstärke, Maisstärke, Maismehl, Reismehl, Rübenballaststoff, Kartoffelrohfaser, Verdickungsmittel (Guarkernmehl), Apfelfaser, Säuerungsmittel (Zitronensäure)	Ballaststoffangereicherte Universalmehlmischung
Hammermühle	Mehl-Mix rustikal	Maisstärke, Kartoffelstärke, Maismehl, Kastanienmehl, glutenfreier Trockensauerteig (Reismehlprodukte, Kartoffelstärke, Lupinenmehl), Verdickungsmittel (Guarkernmehl)	Universalmehlmischung für dunkle Brot- und Kochzubereitungen
Hammermühle	Back-Mix Mischbrot	Maisstärke, glutenfreie Weizenstärke, Zucker, Fruchtfaser, Verdickungsmittel (Guarkernmehl), Salz	Universalmehlmischung für feine Gebäcke und Kuchen
Hammermühle	Kuchen-Fix	Zucker, Maismehl, Reismehl	Fertigbackmischung für Rührkuchenzubereitungen
Hanneforth	Mehlmischung dunkel	Reismehl, Kochbananenmehl, Apfelfasern, Buchweizenmehl, Inulin	Ballaststoffangereicherte Mehlmischzutat
Klaus Dittmann sz-glutenfrei	Mehlmischung hell	Kartoffelmehl, Reisgrieß, Reismehl, Verdickungsmittel (Xanthan), Lupinenprotein	Universalmehlmischung für alle Back- und Kochzubereitungen

Klaus Dittmann sz-glutenfrei	Mehlmischung dunkel	Kartoffelstärke, Buchweizenmehl, Reismehl, Verdickungsmittel (Xanthan), Lupinenprotein	Herzhafte Mehlmischung für Brote und herzhafte Gebäcke
Klaus Dittmann sz-glutenfrei	Mehlmischung fein	Kartoffelstärke, Reismehl, Verdickungsmittel (Xanthan), Lupinenprotein	Universalmehlmischung für helle feine Back- und Kochzubereitungen
Mantler	Mehl	Native Maisstärke, vollfettes Sojamehl, Verdickungsmittel (E 412 Guarkernmehl), Emulgator (E 222 Sojalecithin)	Universalmehlmischung
Poensgen	Poensgen classic	glutenfreie Weizenstärke, Süßlupinenmehl, Verdickungsmittel (Guarkernmehl), Magermilchpulver, Dextrose	Universalmehlmischung für alle Back- und Kochzubereitungen
Poensgen	Poensgen extra	glutenfreie Weizenstärke, Süßlupinenmehl, Verdickungsmittel (Guarkernmehl), Magermilchpulver, Milchpulver, Dextrose, Backtriebmittel (Glucono-delta-Lacton)	Mehlmischung besonders geeignet für feine Kuchen und Keksteige (Biskuitböden)
Poensgen	Mais-Mehlmischung	Maisstärke, Süßlupinenmehl, Verdickungsmittel (Guarkernmehl), Magermilchpulver, Dextrose	Universalmehlmischung für Brot und Kuchen
Schär	Margherita Mix A	Zucker, Maisstärke, Kartoffelstärke, Verdickungsmittel (Johannisbrotkernmehl), Backtriebmittel (E 575 und Natriumhydrogencarbonat), Emulgator (E 471)	Fertigbackmischung für Kuchen und Gebäck
Schär	Brot-Mix Mix B	Maisstärke, Reismehl, Lupinenprotein, Dextrose, pflanzliche Faser, Verdickungsmittel (E 464), Salz	Fertigmehlmischung für jede Art von Brot und Hefeteig, süße oder herzhafte Backwaren
Schär	Kuchen & Kekse Mix C	Maisstärke, Maismehl, Verdickungsmittel (Johannisbrotkernmehl)	Mehlmischung für Kuchen, Kekse, Waffelzubereitungen, Puddings und Cremes
Schär	Mehl	Maisstärke, Maismehl, Verdickungsmittel (Guarkernmehl), Dextrose	Mehlmischung für alle Kochzubereitungen; z. B. Eiernudeln, Kartoffel-Gnocchi, Omeletts, Crêpes, Spätzle, Saucen und Panaden
Werz	4-Korn-Vollkornmehl	4-Korn-Vollkornmehl (97%) Reis, Mais, Hirse, Buchweizen, Verdickungsmittel (Johannisbrotkernmehl)	Mehlmischung für Brote und herzhafte Zubereitungen
Werz	Helle Reismehl-Mischung	Reis-Vollkornmehl, Reisstärke, Verdickungsmittel (Johannisbrotkernmehl)	Mehlmischung zum Selbermischen

Wissenswertes

Gluten

Gluten bezeichnet das Klebereiweiß, das in den heimischen Getreiden Weizen, Roggen, Gerste, Dinkel, Kamut, Triticale und daraus hergestellten Produkten enthalten ist. Gluten besteht aus zwei verschiedenen Fraktionen. Das Gluten der einzelnen Getreidearten unterscheidet sich zwar geringfügig voneinander, hat aber für den Zöliakiepatienten immer eine entzündungsauslösende Wirkung und muss lebenslang strengstens gemieden werden, um eine schwerwiegende Schädigung des Dünndarms zu vermeiden.

Zöliakie

Die Zöliakie benennt eine schwere Erkrankung der Dünndarmschleimhaut. Sie ist eine Autoimmunerkrankung, bei der sich unser körpereigenes Immunsystem gegen körpereigenes Gewebe richtet. Dabei führt der Kontakt von Gluten zu entzündlichen Veränderungen der Dünndarmschleimhaut, in deren Folge die Verdauungs- und Resorptionsfähigkeit verloren geht. Die Symptome dieser Erkrankung sind vielfältig, sie beschränken sich bei Weitem nicht nur auf Verdauungsbeschwerden.

Erstdiagnose Zöliakie

Wird die Diagnose »Zöliakie« gestellt, bedeutet dies eine enorme Lebens- und Verhaltensumstellung für Betroffene und ihre Familien. Eine komplett andere Art der Ernährung ist für immer zwingend notwendig und beeinflusst viele Lebensbereiche. Insbesondere zu Beginn der Ernährungsumstellung kann es notwendig sein, in Absprache mit Ihrem Arzt oder einer Ernährungstherapeutin, spezielle Nährstoffe verstärkt zuzuführen beziehungsweise bestimmte Nahrungsmittelbestandteile (beispielsweise Laktose, Fruktose, ggf. auch bestimmte Fette) zu reduzieren oder vorerst ganz zu meiden.

Kontrolluntersuchungen für Zöliakiebetroffene

Auch Zöliakiebetroffenen, die schon seit Langem eine glutenfreie Ernährung umsetzen, empfiehlt der wissenschaftliche Beirat der DZG alle 1 1/2 bis 2 Jahre eine ärztliche Untersuchung. Dabei sollten über eine Blutuntersuchung Verlaufsparameter kontrolliert und ein Ernährungsprotokoll, das mindestens sieben Tage dokumentiert, ausgewertet werden. So kann man langfristig möglichen Folgen der Zöliakie und Ernährungsmängeln rechtzeitig vorbeugen.

Zielgerichtete Diagnostik bei Zöliakie

Die Zöliakie bedingt eine strenge lebenslange glutenfreie Kost. Daher ist es wichtig, dass die Diagnostik abgesichert und evident ist.

Für diese zweifelsfreie Diagnose einer Zöliakie sind viele Voraussetzungen zu erfüllen:

› Der Patient muss auf jeden Fall eine glutenhaltige Nahrung zu sich nehmen. Dies möglichst auch in regelmäßigen Mengen pro Tag und über mindestens drei Monate, bevor eine Blutuntersuchung auf Zöliakiemarker anvisiert wird. Liegt keine sichere Glutenbelastung über die täglich verzehrten Lebensmittel vor, sind alle weiteren Untersuchungen nutzlos!

› Verzehrt der Patient zweifelsfrei regelmäßig glutenhaltige Lebensmittel, so gilt die Bestimmung der Antikörper gegen Transglutaminase IgA (ggf. bei selektivem IgA Mangel auch Antikörper gegen Transglutaminase IgG) im Blut zurzeit als Standard.

› Sind diese Antikörper im Blut erhöht, muss zwingend eine Biopsie aus dem oberen Dünndarmtrakt erfolgen. Diese Untersuchung ist schmerzfrei und sollte auf jeden Fall vor Durchführung einer glutenfreien Kost durchgeführt werden. Viele Betroffene scheuen diese Untersuchung, aber angesichts der massiven Lebensumstellung, die erforderlich ist, sollte nach derzeitigem Wissensstand auf die Biopsie keinesfalls verzichtet werden.

Diät ohne Zöliakie

Vielen Patienten mit unklaren Bauchbeschwerden wird eine glutenfreie Kost empfohlen, ohne dass Blutparameter oder eine Biopsie für eine Zöliakie sprechen, geschweige denn durchgeführt wurden. Dies erschwert und macht in vielen Fällen eine gesicherte Diagnostik auf eine Zöliakie unmöglich.

Bedenken Sie: Immer wenn Sie Ballaststoffe aus Getreide – ob nun mit Gluten oder ohne Gluten – aus der täglichen Nahrung entfernen, nimmt dies massiven Einfluss auf jegliche Verdauungsprozesse. Die Kostumstellung in Richtung »ballaststoffärmer« kann so zwar eine Besserung erbringen, der wahre Verursacher der Beschwerden bleibt jedoch unbekannt.

Bauchbeschwerden können vielfältige Ursachen haben. Und eine Diät *vor* Durchführung einer entsprechenden Diagnostik kann viele Krankheiten maskieren und ist nicht zu empfehlen.

Erst die Diagnose – dann die Therapie!

Hilfreiche Adressen
für Zöliakiebetroffene

www.dzg-online.de
Auf dieser Seite finden Sie Informationen und Neuigkeiten zum Thema Zöliakie und glutenfreie Ernährung von der Deutsche Zöliakie-Gesellschaft e. V. (DZG). Sie wurde 1974 als Selbsthilfeorganisation von Eltern erkrankter Kinder gegründet. Sie ist eine Solidargemeinschaft, in der Menschen, die von Zöliakie und Dermatitis herpetiformis Duhring betroffen sind, Hilfe und Unterstützung für ihr tägliches Leben und einen sinnvollen Umgang mit der Erkrankung finden. Dank vieler ehrenamtlich engagierter Mitglieder hat sie sich einen Namen gemacht und findet bei Entscheidungsträgern in Wirtschaft und Politik Gehör.

www.zoeliakie.ch
Schweizer Interessengemeinschaft Zöliakie

www.zoeliakie.or.at
Österreichische Arbeitsgemeinschaft Zöliakie

www.ak-dida.de
Hier finden Sie eine Adressenliste der Mitglieder des Arbeitskreises allergologisch tätiger Ernährungsfachkräfte e. V. (Ak-dida), die sich verpflichtet haben, nach festgelegten Qualitätskriterien und wissenschaftlichen Maßstäben zu arbeiten.
Die ernährungstherapeutischen Beratungen der Kolleginnen werden in den meisten Fällen von den Krankenkassen bezuschusst und/oder voll übernommen (ist abhängig von der jeweiligen Krankenkasse bzw. dem Versicherungsvertrag).

Weiterführende Adressen

www.daab.de
Der Deutsche Allergie- und Asthmabund e. V. (DAAB) wurde bereits 1897 gegründet. Er ist der größte Patientenverband für Allergien, Asthma und Neurodermitis. Beim DAAB finden Sie Hilfe und konkrete Vorschläge sowie Tipps, die Sie direkt umsetzen können und die Ihnen weiterhelfen. Für Sie engagieren sich hauptamtliche Beratungsexperten des DAAB. Die Arbeit des DAAB ist geprägt vom Austausch mit über 50.000 Betroffenen pro Jahr.

www.fke-do.de
Das Forschungsinstitut für Kinderernährung (FKE) Dortmund untersucht die Zusammenhänge zwischen Ernährung, Wachstum und Stoffwechsel von Kindern und Jugendlichen mit dem Ziel, wesentliche Beiträge zur Förderung von Gesundheit und Entwicklung im Wachstumsalter durch eine verbesserte Ernährung zu leisten. Die gängigen Empfehlungen für die Ernährung von Säuglingen, Kleinkindern, Kindern und Jugendlichen gehen auf die Forschungsarbeiten des FKE zurück.

www.was-wir-essen.de
Kostenloser Info-Service für alle Fragen rund um das Thema Essen und Ernährung. Experten aus den verschiedensten Fachrichtungen beantworten Ihre Fragen – in der Regel innerhalb von 48 Stunden.

www.allergienvorbeugen.de
Rund um das Thema Allergie mit wichtigen Informationen, hilfreichen Links und mit einem Forum für Interessierte, Betroffene und Verunsicherte.

Buchtipps bei bestehenden Nahrungsmittelallergien oder Unverträglichkeiten

Kamp, Anne; Schäfer, Christiane:
Gesund essen – fruktosearm genießen. 100 Rezepte bringen den Bauch zur Ruhe
GU Verlag, München, März 2007.
ISBN: 978-3-8338-0650-6; 12,90 €
Das Buch richtet sich an Menschen mit einer Fruchtzuckerunverträglichkeit. Viele Rezepte sind aber mit ein paar Abwandlungen auch für Zöliakiebetroffene geeignet.

Schäfer, Christiane; Kamp, Anne:
Köstlich essen – Fruktose, Laktose & Sorbit vermeiden. Unbeschwert genießen trotz mehrerer Unverträglichkeiten. TRIAS, Stuttgart, Februar 2009.
ISBN: 978-3-8304-3460. 19,95 €
Das Buch richtet sich an Menschen mit einer Unverträglichkeit an Milchzucker, Fruchtzucker und/oder Sorbit. Viele Rezepte sind aber mit ein paar Abwandlungen auch für Zöliakiebetroffene geeignet.

Constien, Anja; Reese, Imke; Schäfer, Christiane;
Praxisbuch Lebensmittelallergien. SÜDWEST Verlag, München, Februar 2007. ISBN: 978-3-517-08286-8. 16,95 €
Voraussetzung für die erfolgreiche Therapie einer Lebensmittelunverträglichkeit ist die differenzierte Diagnose und umfassende Information der Betroffenen. In diesem Buch werden verschiedene Diagnosemöglichkeiten und ihre Relevanz bewertet. Die häufigsten Lebensmittelallergene und ihre Merkmale werden beschrieben. Ebenso werden Unverträglichkeiten auf Lactose, Fruktose, auf Gluten und Pseudoallergene erläutert.

Gerichte nach Kapiteln

Rezeptregister von A bis Z

Bewusst genießen

Clever kochen und schlemmen

ISBN 978-3-8338-0650-6
128 Seiten

ISBN 978-3-8338-0920-0
128 Seiten

ISBN 978-3-7742-8797-6
128 Seiten

ISBN 978-3-7742-6649-0
128 Seiten

Frische Rezepte für den großen Kochspaß: alle getestet, einfach nachvollziehbar und mit Hmm-Garantie!

GU
Willkommen im Leben.

küchen götter.de
powered by GU

Einfach göttlich kochen und himmlisch speisen? Die passenden Rezepte, Küchentipps und -tricks in Wort und Film finden Sie ganz einfach unter:

www.küchengötter.de

Änderungen und Irrtum vorbehalten

Impressum

Projektleitung:
Stephanie Schönemann
Lektorat: Cora Wetzstein
Korrektorat: Mischa Gallé
Umschlaggestaltung:
Independent Medien Design,
Horst Moser, München
Fotografie: Jörn Rynio
Produktion: Renate Hutt
Satz: Liebl Satz+Grafik,
Emmering
Reproduktion: Repro Ludwig,
Zell am See
Druck und Bindung: Printer,
Trento

ISBN 978-3-8338-1864-6

1. Auflage 2010

Syndication:
www.jalag-syndication.de

Jörn Rynio arbeitet als Fotograf in Hamburg. Zu seinen Auftraggebern gehören nationale und internationale Zeitschriften, Buchverlage und Agenturen. Aus seinem Studio stammen alle Fotos in diesem Band. Tatkräftig unterstützt wurde er dabei von den Foodstylistinnen Antje Küthe und Petra Speckmann.

Bildnachweis: Alle Bilder Jörn Rynio, Hamburg

Titelrezept: Himbeer-Frischkäse-Torte, S. 28

Die Anregungen in diesem Buch stellen die Meinung beziehungsweise die Erfahrungen der Autoren dar und wurden von ihnen nach bestem Wissen und Gewissen erstellt. Sie bieten jedoch keinen Ersatz für kompetenten medizinischen Rat. Jede Leserin, jeder Leser sollte für das eigene Tun auch weiterhin selbst verantwortlich sein. Weder die Autoren noch der Verlag können für eventuelle Nachteile oder Schäden, die aus den im Buch gegebenen praktischen Hinweisen resultieren, eine Haftung übernehmen.

Vielen Dank!
Wir danken der Deutschen Zöliakie Gesellschaft e. V. für ihre Unterstützung und Beratung bei diesem Buch.

Die Temperaturangaben bei Gasherden variieren von Hersteller zu Hersteller. Welche Stufe Ihres Herdes der jeweils angegebenen Temperatur entspricht, entnehmen Sie bitte der Gebrauchsanweisung. Bei Elektroherden können die Backzeiten je nach Herd variieren. Bei Kuchen empfiehlt sich immer die Stäbchenprobe.

GRÄFE UND UNZER

Ein Unternehmen der
GANSKE VERLAGSGRUPPE

DAS ORIGINAL MIT GARANTIE

Unsere Garantie

Alle Informationen in diesem Ratgeber sind sorgfältig und gewissenhaft geprüft. Sollte dennoch einmal ein Fehler enthalten sein, schicken Sie uns das Buch mit dem entsprechenden Hinweis an unseren Leserservice zurück. Wir tauschen Ihnen den GU-Ratgeber gegen einen anderen zum gleichen oder ähnlichen Thema um.

Liebe Leserin und lieber Leser,

wir freuen uns, dass Sie sich für ein GU-Buch entschieden haben. Mit Ihrem Kauf setzen Sie auf die Qualität, Kompetenz und Aktualität unserer Ratgeber. Dafür sagen wir Danke! Wir wollen als führender Ratgeberverlag noch besser werden. Daher ist uns Ihre Meinung wichtig. Bitte senden Sie uns Ihre Anregungen, Ihre Kritik oder Ihr Lob zu unseren Büchern. Haben Sie Fragen oder benötigen Sie weiteren Rat zum Thema? Wir freuen uns auf Ihre Nachricht!

Wir sind für Sie da!
Montag – Donnerstag:
8.00 – 18.00 Uhr;
Freitag: 8.00 – 16.00 Uhr
Tel.: 0180 - 5 00 50 54* *(0,14 €/Min. aus dem dt. Festnetz/ Mobilfunkpreise können abweichen.)
Fax: 0180 - 5 01 20 54*
E-Mail:
leserservice@graefe-und-unzer.de

P.S.: Wollen Sie noch mehr Aktuelles von GU wissen, dann abonnieren Sie doch unseren kostenlosen GU-Online-Newsletter und/oder unsere kostenlosen Kundenmagazine.

GRÄFE UND UNZER VERLAG
Leserservice
Postfach 86 03 13
81630 München